ちくま新書

インド宗教興亡史

保坂俊司
Hosaka Shunji

1662

インド宗教興亡史【目次】

序章　比較文明学と宗教　009
復活する近代以前の文明／インド文明とは何か／外来宗教の相克さえ多様性

第一章　ヒンドゥー・ナショナリズム　017
インドの根幹／ヒンドゥー・ナショナリズムと南アジア／宗教ナショナリストの主張の背景／ムスリム側の意識／過剰な仕返し

第二章　ヴェーダの宗教、バラモン教、ヒンドゥー教　031
ヒンドゥー教の循環的性質／多源的神々が収斂するヒンドゥー教／ヒンドゥー教へいたるホップ・ステップ・ジャンプ／通奏低音としてのダーサの宗教／征服者の聖典『ヴェーダ』／多次元的な構造の根源／遊牧民の宗教からの変容／保守と革新のウパニシャッド／契機はインドの「都市化」――バラモン教前期／神学の体系――ウパニシャッドと六派哲学／文学が作った信仰形

体――輪廻思想と業／国教化と聖典編纂――バラモン教中期／タントリズムの時代――ヒンドゥーの形成

第三章 バラモン教とインド仏教 059

仏教とバラモン教の鳥瞰的把握

1 ウパニシャッドの申し子 063

ブッダ誕生の社会的背景／長寿だったブッダ／反バラモンとしての仏教／根本思想は、対立を超えること／ゴータマ・シッダールタ一度目の悟り／二度目の悟りと梵天勧請／神仏習合型宗教へグレードアップ／ブッダの聖遺物崇拝と仏教の展開／仏教教団の根本分裂／枝葉分裂と部派仏教のアビダルマ／民衆を巻き込む「説話」による運動

2 大乗仏教の意義 086

大乗仏教発生前の仏教／大乗仏教の鳥瞰的理解／大乗仏教の史的背景／百花繚乱の大乗仏教――文明融合の果実／脱インドの普遍宗教へ／文学作品的な大乗仏教経典／シルクロード交易が生んだ龍樹とマニ／シルクロード交易の衰退と大乗仏教の方向転換／大乗思想の確立／空の関係性／仏教とバラモン教の相互作用／仏教のバラモン教化の背景／ヒンドゥー教化する仏教／密教とは

いかなる仏教か――後期大乗の姿／雑密と純密／悟りと儀礼の一体化／北へ東へと広がる密教／インド仏教の復興／アンベードカルの新仏教運動

第四章　シク教の理想と挫折　127
シク・ディアスポラ／創始者ナーナクの思想背景／ナーナクの人生と思想／倫理的生活の強調／ヒンドゥーとイスラム、両方の言葉を用いる／共同体に生きる倫理／ナーナクのカースト批判／ムガル帝国の横暴とシク教の倫理／ナーナクの後継者アンガド／シク教団組織の形成者／軍隊組織化するシク教／シク教徒の名前に「シン」「コール」が多い理由／第一一代は意外なグル／パンジャーブの覇者へ／苦難とその克服／シク教のデアスポラ／独立を巡るシク教の役割と不遇

第五章　ジャイナ教、ゾロアスター教、キリスト教　165
1　ジャイナ教　165
仏教の姉妹宗教／似ているけれど大きな違い／堅牢な教団組織／裸形派と白衣派／厳しい戒律が教団を存続させた

2　ゾロアスター教　174
ペルシアを捨てインドへ／人類最古の創唱宗教の世界観／ゾロアスター教と仏教／ペルシアを逃れたパールシー／パールシーの代表的な存在、タタ財閥／鳥葬
3　キリスト教　186
いつインドに入ったか／東方教会とカトリックの確執／貿易上の必要から守られたキリスト教徒／イギリス支配
第六章　イスラム時代のインド　195
インド・イスラム研究の意義／インド・イスラムの思想的特徴／政治・経済的野心と宗教的情熱――二つの流れ／地域経営を考えた征服／イスラム的な寛容思想／中央アジアから攻めてくる王朝／多神教と共生するスーフィズム／スーフィーの融和思想とイスラムの拡大／スーフィーの教団組織化／民衆のスーフィー／スーフィーの諸宗教共生の思想／ムガル皇帝アクバルのスーフィズム／アクバル帝の宮廷文化／ダーラー・シコーの融合思想／ムガルの衰退と西洋インパクト／インドとパキスタンの分離独立／パキスタンに流れ込んだ難民／不安定要因としてのイスラム

第七章　仏教盛衰の比較文明学的考察　233
インド亜大陸における仏教の衰亡／インドに仏教は生きているか／仏教の独自性／インドに仏教が誕生した意義／平等思想の役割／玄奘が伝えたエフタルの仏教弾圧／エフタルの仏教入信／呪術仏教／バラモンの王を追い出した仏教徒の団結／バラモン教による弾圧と改宗の強要／ベンガル地方の仏教衰亡／ムスリムを受け入れた仏教徒／バルマク家の改宗とその背景

あとがき　261

参考文献　263

序章　比較文明学と宗教

†復活する近代以前の文明

本書はインドの宗教思想の興亡を鳥瞰する書物であるが、その意図は混迷する世界情勢を乗り切るために、近い将来その存在がいっそう重要となるであろうインド文明への理解を深める一助となることを目指したものである。既存の世界構造が崩れようとしている今日、我々日本人は何をなすべきか。その答えを導く一つのヒントを、本書は読者の皆さんに提供できればと願っている。

国際社会でのアメリカのプレゼンスの後退、それに反比例するかのような中国やインドの台頭は、たんに現今の国際秩序の変更のみならず、古くて新しい時代へと雪崩を打って変化しつつあるように見える。この先にいかなる世界が待ち受けるのかは、いまだに不明であるが、しかしヒントはある。

約三〇〇年前、つまり現在のように欧米諸国に富と政治的・軍事的な力が集中していなかった時代、中国とインドは超大国だった。産業革命による生産力が世界を席巻する以前、西洋からの使節団に対して、ムガルの皇帝が「世界には三つの中心がある、インドと中国とトルコである」と、言い放った世界である。もちろん来たる世の中が古代や中世に回帰するわけではないが、優れた文明を形成してきたそれらの地域の復活劇が、いま始まろうとしているのだ。この事実を視野に入れた新たな国際的なビジョンを考えることは、我々には必要な視点ではないだろうか。

近代以降の日本は、西洋文明への同一化によって恩恵を享受してきた。そのため中国やインドがトップを走る世界像を構築できていない。欧米優位の近現代が揺らぐ未来の文明のビジョンが描けていないのである。いわゆる「失われた三〇年」などと表現される日本の政治的・経済的な長期停滞も、西洋文明の衰退によってモデル（模倣する対象）を喪失し、膠着状態や泥沼に陥ってしまっているからといえるのではないだろうか。少なくとも、主要な西洋に追随することが日本の利益となった時代は終焉しつつある。

アクターが、かつて日本が模範とした西洋だけという舞台は終演した。

ところが、西洋文明的な思考に慣れ親しんだ現代の日本人に、インド文明の理解は、はなはだ困難を伴う。というのも、近代的な思考の対極にあるのがインドだからである。しかし近代以前の日本人は、インド的な考え方と、実は親和的であった。

日本文明の基礎部分の多くは、仏教などを通じてインド文明とつながっている。包括的で多様なインドの構造に、日本人は親近感を抱いているのである。日本文明の底流には、いまなおインド文明に通底する要素が流れている。

†インド文明とは何か

本書でいう「文明」に関して、まず簡単に説明しておきたい。

文明とは、近代の西洋哲学あるいは人類学において、人間社会の営みを最大規模で把握するために考え出された概念である。どの文明も基本的な方向性は一定であるという点は比較文明学の共通理解であるが、他地域に敷衍《ふえん》するには、一種の翻訳ともいえる置き換えが必要である。

文明という言葉は、ラテン語の「市民」および「都市」から派生した［civilizatio］、英語なら civilization である。自然の支配から解き放たれた都市という生活空間が形成され、

文明の断層図

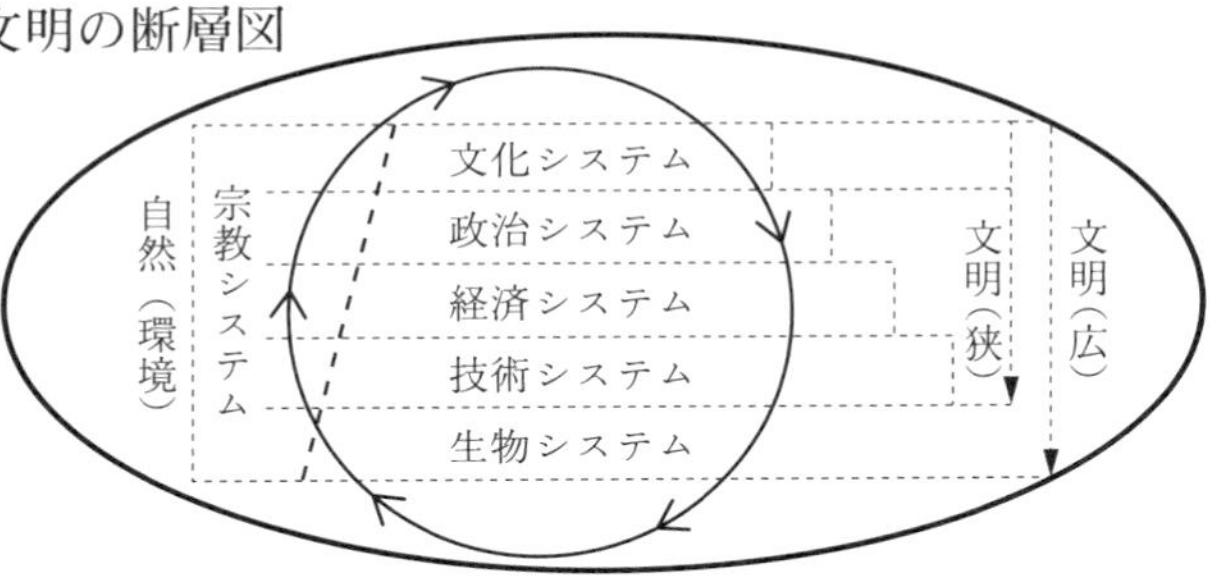

人間はそこに居住することで、人間独自の生活形態を継続的に送ることが可能となった。それを筆者は「都市とは、人間による、人間のための、人間中心の生活空間」と表現する。文明には、文化はもとより政治システム、経済システム、技術システムという、人間が社会生活を営むための仕組み、最低限の制度がそなわっている。その形成には、ハード面として都市だけでなく、ソフト面としての人々を結びつける「核」が不可欠なわけだが、宗教ほど、時代や地域を超えて教理や価値観が再生される形態は、他に存在しない。

都市の発生と時を同じくして、創唱宗教（創唱者によって創始された宗教）や普遍宗教（人種や国籍、階級などを超えて世界規模で浸透している宗教）が生まれた。そうした宗教は、社会がなくては生きていけない人類の、精神的な結合手段として生み出された。都市社会に則した宗教が求められたために、創唱宗教や普遍宗教という新たな宗教形態が創出されたというのが、筆者の理解する文明と宗教の関係である。

もちろん自然から自律した都市だけでなく、自然との共生を余儀なくされる村落でも、人間がいればどこにでも文化・政治・経済があり、どこにでも生活を支える各種の技術が存在する。それらを有機的に統合する溶媒または接着剤として、宗教は大きな役割を担ってきた。都市の発生以前から存在した民族宗教も、社会の都市化にあわせて変革した。

著者の理解では、独立した宗教により形成される連続的な社会を文明と呼ぶが、いろいろな宗教を内包したインドを一つにまとめてインド文明と言い切ることができるのか。この点を厳密に議論することは本書の目的ではないが、簡単に説明する。

キリスト教圏やイスラム教圏では、その地を支配する一神教と対峙するほどの宗教は、ほとんど存在しなかった。文明の下位概念として着目するのは、時代性や地域性であり、それによって上位概念に迫ることが一般的である。

一方広大なインド亜大陸という空間においては、数千年来多様な宗教形態が繰り広げられてきた。そのため時代性や地域性に加えて、それぞれの宗教が下位概念だといえる。それぞれの宗教が、インド亜大陸という坩堝《るつぼ》の中で相互に影響し合って、総括的にインド文明と呼べる共通性を形成した、というのが筆者の考えだ。併存する異なる宗教（文明）で高位の文明（インド）を形成するというのが、多宗教社会の特徴ということになろう。

本書では、インド亜大陸という地理的空間において展開された人間の営みの総体をインド文明ととらえ、民族宗教と巨大な普遍宗教による社会集団を中心に把握して、それら（バラモン・ヒンドゥー文明、仏教文明、インド・イスラム文明）の変遷や相互の関連性から、インド文明に迫ることを目指したのである。

†外来宗教の相克さえ多様性

インド文明の特徴は、宗教間の関係が他の諸文明より、よくも悪くも複雑で密接なため、それぞれの宗教の歴史的、思想的な関係性がその理解のカギとなる。ヒンドゥー教とイスラム教と仏教という三者の相互関係が主軸ながら、ジャイナ教、シク教、キリスト教、ゾロアスター教（パールシー）も、インド文明の要素として非常に重要である。ゆえに、中心的な宗教をまず核として独自の宗教文明と理解することで整理した。

本書では、従来の学説や常識から多少距離を取った。本書の宗教認識がこれまでの学説と少し異なると感じる読者がいるかもしれないが、それは以下の理由による。

たとえばインド文明の基礎としては、ヴェーダの宗教を位置づけるのがふつうであるが、先住民ダーサなどの宗教形態を重視した。現在我々が理解するインドの宗教にはいわゆるダーサの宗教の伝統が非常に大きな役割を果たしているという立場をとる。それはヒンドゥー教の源流とされるヴェーダの宗教が、インドを征服した中央アジアの異民族アーリア人の宗教であるという事実に鑑みたからである。

インダス文明以来の先住民の宗教とアーリア人のヴェーダの宗教が融合してバラモン教が誕生した。このバラモン教の時代に生まれた仏教やジャイナ教といった〝新宗教〟(悠久のインドにとってのという意味で)は、ヴェーダより先住民の宗教的伝統が強かった。それらの〝新宗教〟とバラモン教が並立する時代に、イスラム勢力の侵攻とインド支配があり、イスラムに対抗すべくインド仏教がバラモン教に併呑され、今日のヒンドゥー教へとつながったという流れで、インド宗教史を辿った。

インド亜大陸がイスラム教、それからキリスト教という少数派の外来宗教に支配された時代がヒンドゥー教の成長期である。しかし、従来のインド発祥の宗教間対立から、他地域発祥の宗教および文明が、インドの大地で時に対立し時に融和したことで、さらに多様なインド文明を形成しているという理解である。これを今日の国家形態でいえば、実質的にヒンドゥー教の国家インド共和国、またイスラム教の国家パキスタンやバングラデシュとなるわけである。

インド文明(ここでは総合的な概念)においては、宗教の存在は一貫して最重要な要素としてあり続け、それは現在も、おそらく将来においても変わらない。なぜなら、それがインド文明の特徴だからである。この点を強調することで、多宗教の総体としてのインド文明がより理解しやすくなるというのが本書の立脚点であり意図である。

この視点の形成にいたった直接の理由に、インドにおける体験がある。筆者は一九八二年から、シク教研究のためにインドに留学し、そこでシク教徒の独立運動（それはインド政府側からいえば反政府的な独立運動となるが）に遭遇した。八四年六月のアムリッサルのゴールデンテンプルにおける大惨事の直前まで、筆者は当該地に滞在し、シク教、インド政府側双方の、要人を含めた多くの人々へインタビューを行い、戒厳令下の意見を集めた。それらはインド的思考の多様性に満ち、統一的な見解を見出すことはできなかった。しかし唯一共通していたのは、彼らの視点がそれぞれの信仰に溢れていたことである。

このことから、時間的・空間的な拡張概念であるインド文明の理解には、それぞれの宗教が形成する独自の世界、つまりそれぞれの宗教文明への理解が不可欠である。そして空間と時間を共有してきたそれぞれの宗教文明が相互に影響し合い、独特な統一性を形成してきたという視点を意識しつつ、インド文明の解明を試みたわけである。知的な分析は近代西洋文明の特徴ともいえるが、本書では宗教の要素の総合化に重点を置いた。これは比較思想、比較文明学の方法論で強調される視点であり、千変万化のインド文明の動態把握には極めて有効な方法論と筆者は考える。ささやかではあるが、筆者の新たな試みに、読者のみなさんのご理解が得られることを願うばかりである。

第一章　ヒンドゥー・ナショナリズム

†インドの根幹

インドはつくづく不思議な「くに」（国、土地・地域、文化）である。さまざまな宗教が共生し、古代から現在までの多様な文化が同じ空間に生き生きと共存する。

この不思議な「くに」を作り上げているのが、ヒンドゥー教である。古代から現代にいたるまでインドの精神世界をリードしてきたヒンドゥー教は、まさに混沌を絵にかいたような宗教。つまり、ウパニシャッド哲学に代表されるような高度な思想を持つかと思えば、性器（男根）のイメージをシヴァ神の表象として崇めるリンガ崇拝。お世辞にもきれいとは言えないガンジス川に、真冬でも沐浴のために集う人々。多種多様な芸能や裸の修行者の集団。そうかと思えばIT大国として最先端の科学技術者を世界に送り出す。そうした存在のすべてを支えている。

ヒンドゥー教は、よく大河にたとえられる。それは無数の支流が集まって一本の大河となり海に流れ込むように、ヒンドゥー教も多くの宗教や名も知られていない土着信仰を集めて巨大化してきた宗教であるということだ。しかも、蛇行する大河のように、いたるところで交差し、変幻自在にその本流を変えてゆく。ヒンドゥー教は、その流れを秩序立てて理解するのが難しい大河である。

また、ヒンドゥー教の有様は、インドを代表する樹木バニヤンにもたとえられる。日本人にとってはボダイジュ（菩提樹）というと親近感がわくだろうか。インドのバニヤンは一本の幹が成長し、それぞれの枝から気根が生えて、それが大地に届くと深く根をはり成長する。成長した根は幹の一部となり枝を生やす。それを繰り返して巨大な樹木となる。

現在のヒンドゥー教は、その前身であるバラモン教の対抗勢力であった仏教さえ自らの幹の一部として取り込んだと自認する。多様な信仰の集合体、寄り合い所帯であるヒンドゥー教は、民族宗教であり総合宗教であると同時に、インド文明の核である。

しかし、これだけでは終わらないのがインドの複雑なところだ。というのも、インドと

いう表記が、地理的空間的なインド亜大陸をさすのか、歴史的宗教的文化的なインド文明圏をさすのか、さらには政治的な（特にパキスタンの分離独立以降の）インド共和国なのかという区別は、インドを検討する時に重要な要素となるからである。

　地理的空間的なインド、つまりインド亜大陸に展開した宗教は、民族宗教ヒンドゥー教を中心としつつも、後述するように世界宗教イスラムの存在が、極めて大きい。

今日のインド亜大陸のイスラム教徒（ムスリム）約六億五〇〇〇万人という人数は、世界のムスリム人口の三分の一にも匹敵する数となっている。つまり、巨大なイスラム教人口を抱える地域であるインド亜大陸において、特に八世以降のインド文明は、ヒンドゥー教とイスラム教という、起源の異なる二つの巨大宗教の相克の歴史であり、それがインド理解をいっそう難しくしているのである。

†ヒンドゥー・ナショナリズムと南アジア

現今のインド亜大陸における不安定要因は、どちらも核保有国であるインド共和国とパキスタン・イスラム共和国との不仲な関係である。第二次世界大戦後の一九四七年に、両国は分離してそれぞれ独立したが、いざこざは絶えない。

インドとパキスタンは三度の印パ戦争を戦ったが、第三次印パ戦争は、西パキスタンによる東パキスタンのベンガル人への迫害や虐殺という東西パキスタンの争いに、インド共和国が介入したものだった。これにより一九七一年、東パキスタンはバングラデシュ人民共和国として独立した。

山岳地域カシミールの帰属といった未解決問題など、国家レベルの対立の種が尽きない印パ両国だが、その争いは、むしろ元々一つの「くに」イギリス領インド帝国でありながら、総合的な文明の基本構造に差異があることに、その理由がある。

インド共和国（総人口約一三億八〇〇〇万人、二〇二〇年世界銀行）は、国民の約八割が信仰するヒンドゥー教が圧倒的に優勢だが世俗国家であり、多数派といえどもヒンドゥー教を国教的に優遇してはこなかった。一方、パキスタン・イスラム共和国という名が示すとおり、その建国の精神は、純粋なイスラム国家を目指すものである。

しかしインド共和国においても、ヒンドゥー・ナショナリズムが原動力となり、政治に大きな力を及ぼしていることは事実である。不満を募らせた多数派のヒンドゥー教徒は、保守政党のインド人民党（バーラタ・ジャナタ・パーティー、BJP）を支援した。その結果BJPは、一九九〇年代以降急伸し、政権を担うほどになった。ヒンドゥー教にとって、インドの大地は神ともみなす存在であるため、BJPはインド亜大陸をヒンドゥー教徒の国（くに）に回帰させようと、宗教ナショナリズムを煽っている。

パキスタン・イスラム共和国は、建国にあたって、四〇パーセントほどを占めていた異教徒を排除した結果、ヒンドゥー教やシク教などのインド発祥の宗教、また古くより土着化したキリスト教やゾロアスター教の宗教人口は、現在合わせてもわずか数パーセントである。まさにイスラムの純粋国家そのものといえよう。

日本では、とかくインドの宗教問題といえば多数派ヒンドゥー教による少数派イスラム教への弾圧めいたことが話題になるが、パキスタンやバングラデシュがあまり問題視されないのは、日本人の関心が薄いだけである。パキスタンやバングラデシュでは確かにムスリムによるヒンドゥー教徒弾圧がほとんどないが、それはヒンドゥー教徒があまりに少ないからである。むしろ多数派スンナ派によるシーア派やその分派イスマーイール派などへの圧迫、弾圧は珍しいことではない。

もちろん宗教間の関係は対立ばかりではない。本書で紹介するように、ヒンドゥーとイスラム融合、相利共生思想の伝統も長くかつ強いのだが、これからの時代はどちらに振れるか予断を許さない。ゆえに声高に宗教ナショナリズムを主張する側ばかりでなく、平和的な共生を望む、いわば沈黙の大衆の声を正しく聴き、その意義を理解するためにも宗教文化やその立場からの主張、思想背景を文明という総合的視点で知る必要がある。

†宗教ナショナリストの主張の背景

インド亜大陸におけるヒンドゥーとイスラムの対立の背景には、一〇〇〇年以上にも及ぶ相克がある。まずは現在の状況をおおまかに整理しよう。

ヒンドゥー教徒は、インド共和国内に一〇億～一一億人とされる。国民の約八割に及ぶが、それを下回ったという調査結果（七九・八パーセント、二〇一一年国勢調査）が発表された際には、日本でも驚きを持って報道された。ともあれ、インド共和国のおよそ八割に加えてネパール（総人口二九七〇万人、二〇一九年アジア開発銀行）の八一・三パーセント、スリランカ（総人口二一九二万人、二〇二〇年スリランカ中央銀行暫定値）の一二・六パーセントなどを加えていくと、一一億人は確実に超えるだろう。世界宗教のキリスト教（信者数約二三億八〇〇〇万人）、ムスリム（信者数約一九億一〇〇〇万人）に次いで、ヒンドゥー教は、インドの民族宗教ながら信者数で世界第三位の巨大な宗教である。

数字だけを見ると、ヒンドゥー教はインド共和国内において圧倒的な存在感で他を威圧しているように思われるが、そうとも言えない。インド共和国にはムスリムが一四・二パーセント（二〇一一年国勢調査）おり、インドの両隣にはムスリム率約九七パーセントのパキスタン（人口約二億二〇九〇万人、UNFPA世界人口白書2020）、ムスリム率約九〇・四パーセントのバングラデシュ（人口約一億六四六八万人、二〇二〇年世界銀行）という巨大なイスラム教の国家がある。

インド共和国の一九七一年度国勢調査では、イスラム率一一・二七パーセントという割合であった（当時の人口は五億四七九四万人）。インド共和国内に限っても、ムスリムの人口比が、四〇年で約三パーセント上昇したということなのだ。ちなみに同じ一九七一年のインド共和国におけるヒンドゥー教徒の割合は八二・二七パーセントであった。

時代をさかのぼって、イギリスが最初の国勢調査を行った一九世紀末のイギリス領インド帝国のムスリムの割合は約二五パーセントであったが、現代のインド亜大陸全体のムスリム率は約三六パーセント。つまりインド亜大陸に住む三人に一人以上が、ムスリムということであり、およそ一〇〇年で一一パーセントも増加したということでもある。圧倒的多数とはいえ、この数字の現実を突きつけられれば、穏健なヒンドゥー教徒といえども心穏やかではいられない。

さらにさかのぼってムハンマド・カーシム(不明~七一五年頃)のインド侵略(七一一年)とともにやってきて定着したムスリム征服者約一万人から考えると、ヒンドゥー教徒が、「インドは、いまイスラム化の脅威にさらされている」と主張することは、彼らにとって説得力を持つのである。ましてや熱狂的なヒンドゥー教徒たちは、この事態にやきもきしている。

彼らがイメージする「バーラタバルシャ(インド)」の視点では、約二三パーセントの国土が異教徒の支配に落ち、ムスリムは約三六パーセントいて、かつその人数(人口比)が年々増加していると考えるのだ。インドの自然と密接に結び付いたヒンドゥー教にとって、インド亜大陸は神が宿る大地である。ヒンドゥー主義者の立場から見れば、神とあがめる大地を異教徒から守り、失われた国土を奪取することは宗教的な使命ともいえる。

†ムスリム側の意識

一方ムスリムも、ヒンドゥー教徒に広大な国土を奪われたという思いがある。かつてインド亜大陸を支配したムガル帝国（一五二六年〜一八五八年）の栄光を前提とすれば、領土の大半を失った喪失感と屈辱から、その奪還を目指す宗教的な義務感が働く。インドはかつてイスラム教が支配する土地であったのである。

一二世紀以降のイスラム王朝支配以来、インド亜大陸はイスラム支配が急激に拡大、ついに一五二六年のムガル帝国の成立により、インド亜大陸は長くムスリムが支配する領土となった。

成立から百数十年間のムガル帝国は、イスラム圏の中で、いや国際的にも有数の、豊かで強力な国家であった。そのイスラムの領土が、イギリスの戦略でヒンドゥー教とイスラム教それぞれが多数派を占める国家に分離独立させられた、あるいはそうせざるを得ないまでに蹂躙されたと、ムスリムは考える。つまり、ムスリムもインド亜大陸において現在のインド共和国領という広大な土地を失ったのであり、だからこそヒンドゥー教徒に奪われたイスラムの土地を奪還しなければならない、という理論を展開する。

もちろんこれは一部の過激思考であるが、カシミールの帰属問題をはじめ当該地域の歴史を考える時には、このような宗教的な視点は無視できない。

さらにいえば、それぞれの宗教ごとに独自の社会形態を形成している。それが歴史的に展開するといわゆる文明（という言葉の対象）となる。特に、イスラムは政教一元（これは筆者の造語で政教一致をイスラム的に表現）の宗教である。ヒンドゥー教も民族宗教特有の政治と宗教が未分化な文明を形成してきた長い歴史がある。それらの宗教観を十分理解しないと、インド理解は深化しないというのが筆者の立場である。

†過剰な仕返し

もちろんインド共和国内のヒンドゥー教徒とムスリムの大多数にとって、異教徒の排除や失地回復は建前である。しかし宗教は文明の根幹をなすがゆえに、時としてその熱狂が社会を流動化させることは歴史的に何度も目にした現象である。宗教純粋主義者、いわゆる原理主義的な思考を持つ宗教ナショナリズムの動きの理解は、さまざまな面で重要となる。序章で述べたように、ヨーロッパ的近代・キリスト教文明の価値観とは異なる地域研究は、政教分離ではなく少なくとも政教一致で考える必要があるだろう。

筆者が体験したヒンドゥー教とイスラム教の根深い対立を紹介しよう。

一九九二年アヨーディヤ（ヒンドゥーの神クリシュナの生誕地）で、ヒンドゥー原理主義者によるイスラム教礼拝所が破壊される事件「バーブリーモスク破壊事件」が起こった。独立後の初代首相ネルーが率いたインド国民会議派のイギリス的な世俗主義的政治から、インド人民党（ＢＪＰ）への政権移動、つまりヒンドゥー教至上主義への覚醒を確信させた出来事であった。

筆者は、事件の二か月後に、アヨーディヤの近郊ブリンダーバンの破壊されたモスク跡を調査のため訪問し、現地の人々と言葉を交わした。瓦礫と化したバーブリーモスク跡にバラモン（司祭、僧侶）らしき人が数人おり、小さなラーマ神の像を置いた瓦礫の山を祠《ほこら》として、巡礼者を迎えていた。彼らにとってこの土地は、もとヒンドゥーのラーマ神の寺院が建っていたところに、イスラム教のモスクが建てられたという〝いわく付き〟の寺院である。そのバラモンの一人が「我々はようやく聖地を取り返したのです」と満足そうに語っていた。

たとえそうであっても、イスラム教寺院を破壊するという行為は許されないであろうと思いつつ、バーブリーモスク跡調査の後、筆者はパキスタンのラホール周辺へおもむいた。すると行く先々で驚いた。ヒンドゥー教寺院の尖塔がへし折られているのである。

現地のパキスタン人に話をきくと、バーブリーモスク破壊への報復とのことであった。

そこで、「バーブリーモスクは一つだけですが、なぜこんなにたくさんのヒンドゥー教寺院が破壊されているのですか」と尋ねると、「バーブリーモスク破壊は、イスラムへの冒瀆であり、すべてのパキスタンのムスリムには、報復する権利がある」とのことであった。さらに、ムルタン（パキスタン）の有名なスーリヤ寺院は、跡形もなく粉砕されていた。スーリヤ寺院は玄奘三蔵も訪れた地であり、ムハンマド・カーシムにもゆかりがある（略奪のためだが）名刹であった。もっともこの寺院は、最近では形ばかりの存在であったといわれていたが……。

二〇〇一年一二月、インドの国会の開催にあわせて、国会議事堂を占拠しようとイスラムのゲリラが襲撃した。その時、たまたまアタル・ビハーリー・ヴァージペーイー首相の到着が遅れたため、国会議員たちはことなきを得たが、もし定刻どおり首相が国会を開催していたらどうなっていたか。筆者はその場面をデリーの友人宅のテレビ映像でみていた。首相の到着を中継するために待機していたTVクルーとレポーターが、武器を背負って突進してくるイスラムのゲリラにうろたえる映像が印象的であった。

また、二〇〇八年に起こったムンバイ同時多発テロも極めて悲惨な事件であった。混雑するターミナル駅や観光客が多いレストランなどが標的となった。パキスタン政府は否定したが、犯行グループはパキスタン国内に拠点を持つイスラム過激派だったとされる。この事件では、多くのインドの民衆ばかりでなく日本人も巻き込まれ、歴史的に有名なタージマハル・ホテルも焼失した。

宗教対立による凶行は、組織的な点でムスリムの方が過激であるが、ヒンドゥー教徒側にもないわけではない。インド共和国国内では両者の衝突で、少なからぬヒンドゥー教徒、ムスリムの命が奪われている。

第二章　ヴェーダの宗教、バラモン教、ヒンドゥー教

この第二章と次の第三章では、バラモン教とヒンドゥー教を、仏教との関係において、区別して説明する。というのも仏教は誕生以来、インドの二大宗教としてバラモン教と鎬《しのぎ》を削る関係であったことが、その最大の理由である。

一方、現在のヒンドゥー教において、仏教の創始者ゴータマ・ブッダは、ヴィシュヌ神の化身の一つと見られており、そのため「仏教はヒンドゥー教の中で生きている」という認識をする人もいる。しかし、これは仏教の教えの一部、あるいはゴータマ・ブッダの存在が、ヒンドゥー教特有の宗教構造の中に取り込まれている、という事実を表しているだけであり、宗教としての仏教、特に教団や教理の独立性が、ヒンドゥー教の中に生かされ

ているわけではない。

この点は仏教という独自の宗教と、現在のインドにおけるヒンドゥー教を考える時に、混同してはならない重要な点である。

†ヒンドゥー教の循環的性質

ヒンドゥー教には独特の構造がある。ヒンドゥー教の神々を検討すると、まるでロシア民具のマトリョーシカのように、神の内に異なる神が内包されているという入れ籠《いこ》構造をしている。そのマトリョーシカが、たくさん集まって一つのヒンドゥー教という宗教として理解される。その意味でヒンドゥー教は、多様な神々の寄り合い所帯の宗教である。

ヒンドゥー教は、西洋などの宗教者や学者、思想家から「包摂主義」と呼ばれることがある。異なる起源の神々をほとんど躊躇することなく内側に取り込むので、「包み込む＝包摂」ということだろう。だが包摂主義という表現からは、内容的に統一されていない、雑多な状態という批判的な寓意が感じられる。なぜなら、すべては唯一なる神に収斂するという一元的なベクトルが暗黙の前提にあるセム族の宗教的な一神教（具体的にはキリスト教を基準とした宗教観）の基準で、インド宗教の形態を分析しているからである。

包摂という言葉では、インド的な思想・宗教がもつ循環的性質がうまくあらわせていないと筆者は考える。異質な思想や神仏であっても、一度受け入れたならば新たな命を吹き込んで再登場させるという循環的性質は、ヒンドゥー教に典型的というよりも、仏教を含めたインドの宗教すべてに通底する多神教的・多元主義的発想で、そのベクトルは前後左右全方位に向いているのだ。そしてこの基本構造は、インドのイスラム教にさえ生かされたのである。

この違いを寓意的にイメージすると、囲碁と将棋のような関係になるだろう。取った碁石を再利用しない囲碁と、敵から奪った駒を持ち駒として積極的に再利用する将棋の違いに、一神教的な収斂の思想と、ヒンドゥー教的な循環思想の根本的な構造の差が見て取れるのである。

インド宗教全般の循環思想は、インドのイスラム世界においても、部分的ではあるが共有されていると、筆者は考えている(イスラム教の寛容思想については後述する)。また筆者は、この精神が最も象徴的に形成された宗教が仏教であり、その思想を「自他同地(置)」という言葉で表現する。

これがインド的思想の構造であり、宗教構造もこれを基底とする。このヒンドゥー教の構造的な特徴を理解すれば、大まかな理解は可能となるだろう。

†多源的神々が収斂するヒンドゥー教

ユダヤ教、キリスト教、イスラム教といった一神教のセム族の宗教（アバブラハムの宗教）とは異なり、ヒンドゥー教は他者を評価するのではなく、他者（の一部）として自らも相対化することによって、結果として、全体性と個別性とが不可分となる関係を築いている。どういうことかといえば、現在のヒンドゥー教の神々は、シヴァとヴィシュヌを中心にブラフマンを加えた三神にほぼ収斂しているのである。起源の異なる多様な神々が、これら三神に強く紐づけられているのだ。

第一の形態は、ヴィシュヌの化身として取り込む形。第二の形態は、シヴァ系に多い「またの名を○○という」という形で並列あるいは入れ籠構造で取り込む形。第三の形態は、ブラフマン系の家族関係で表現する形である。以上の三パターンにより、多様な神々が、三つの神格に収斂し体系化されるのである。しかも、シヴァ、ヴィシュヌ、ブラフマンの三神でさえ、ブラフマンに収斂するという構造もある。相異なり、時には矛盾する存在が、究極的に一つになるという構造である。

唯一のものが次元を超えて多様に出現するというのは、神秘主義哲学に見られる「流出の思想」とよく似ているが、インド的には流出とは逆の「流入」がセットとなったウパニシャッド哲学の思想、いわゆる「梵我一如」的思考に支えられている。つまり異なる要素を認めつつ、それらが一つであるという思想である。

梵我一如の思想構造は、インドの宗教のほとんどすべての宗教に共有されている。また、これを視覚的に表現したのがマンダラであると筆者は考える。さらにこの思想構造は、仏教を通じて日本の近代思想にも大きな影響を与えていると考える。たとえば西田幾多郎（一八七〇年〜一九四五年）の「絶対矛盾の自己同一」とか、鈴木大拙（一八七〇年〜一九六六年）が用いる禅の「一即多多即一」も日本版の梵我一如の思想であると、筆者は理解している。

多様な神々を内包するヒンドゥー教だが、実際にはシヴァとヴィシュヌの二神と、その眷属《けんぞく》の神々に人気が集中しており、また神々にも独自の厳しい序列がある。建前どおりではないことは、ヒンドゥー教社会の現実でもある。

いずれにしても、ヒンドゥー教では、現象界（感覚の世界、あるいは経験）の多様性は、究極的な次元（真実の世界、あるいは真理）で一者に統一されており、逆に究極的な一者（真理であり、人格神ではない）の存在が、多様に顕現しているのが現実世界であるということである。現実世界は一見多様に見えるが、それは究極的な一者の現れなのである、という理解の構造である。

†ヒンドゥー教へいたるホップ・ステップ・ジャンプ

複雑なヒンドゥー教を大摑みにするために、現在にいたるまでの歴史的な発展形態を、大きく三段階に分ける。なお、以下に示す時代区分は大まかなもので、研究者により数世紀の誤差がある。大まかな目安としてご理解いただきたい。

第一段階はヴェーダの宗教の時代（紀元前一五世紀頃〜）である。

第二段階は、バラモン教の時代（紀元前六世紀頃〜）であるが、この時代をさらに宗教形態で三つ（前期・中期・後期）に分けたい。

バラモン教「前期」は、ヴェーダの権威を否定する仏教とバラモン教とが対峙した「反仏教の時代」（〜西暦二世紀頃）である。「中期」は、グプタ朝がバラモン教を国教化した四世紀の前後「国民宗教の時代」（〜八世紀頃）である。「後期」は「反イスラムの時代」（〜一二世紀頃）である。反異民族の民族主義運動として、インドの宗教が習合していく。

第三段階は、こうして発展したバラモン教がいよいよオール・インドの宗教「ヒンドゥー教の時代」（〜現在）へと至る。

もちろんこの三段階（ヴェーダの宗教の時代、バラモン教の時代、ヒンドゥー教の時代）の前後で断絶があるわけではない。前の時代の神々や理論は、後の時代でも化身や前身や家

本書におけるインド宗教概念

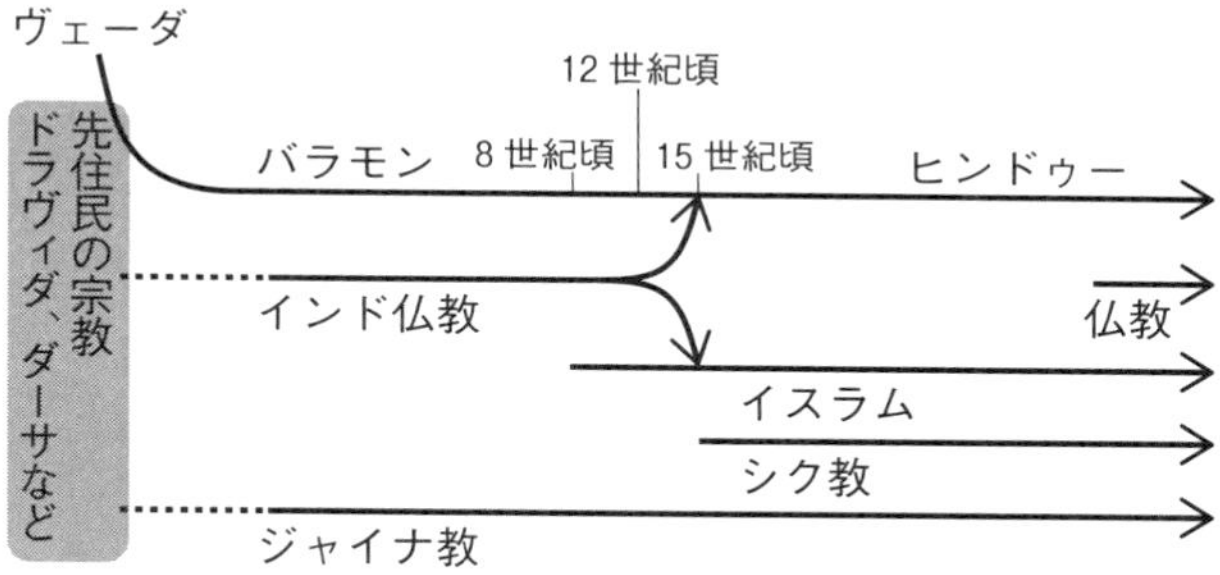

族関係や入れ籠などの関係性を与えられて生き続ける構造になっている。古い神々の名称をそのまま受け継ぎながらも、地域や時代によって別の性質を備えるために、強調される部分が異なるという変化はあった。

インドには、もともとゲルマン民族と同系、つまり白人の遊牧民族アーリア人の「ヴェーダの宗教」と、アーリア人に支配され同化したドラヴィダ族や森林居住の先住民らの宗教（ダーサの宗教など）の二系統があった。

ホップ・ステップ・ジャンプのたとえを使えば、ヒンドゥー教へいたる第一段階「ホップ」は、インド宗教の源流の時代である。ヴェーダの宗教を核心としつつも、土着の宗教を取り入れ、人種的・文化的ハイブリッド社会、現代のインド文明の基礎が形成された。「ステップ」はバラモン教。その後半は、仏教と融和関係を構築する時期（七世紀頃〜一二世紀頃）に重なる。そして、オール・インドの宗教としてのヒンドゥー教へと「ジャンプ」する。

†通奏低音としてのダーサの宗教

従来の研究では、ダーサなどの土着宗教について明確な言及はなされてこなかった。というのも、これらの宗教には、ヴェーダ聖典のようなまとまった文献が存在しないためである。土着宗教は、インダス文明を支え、また独自の呪術的な宗教形態でインド全土に広まっていただろうが、それらの宗教の評価はなされてこなかった。文献などの客観的資料がなく、評価しようがなかったということである。

しかし、バラモン教や仏教やジャイナ教など、インド発祥の宗教に通底する出家と修行という宗教形態の主流は、ヴェーダの宗教ではなく、むしろ被征服民が長い間培ってきた土着のダーサの宗教などに、その起源を求めることがごく自然であると筆者は考える。しかも、出家と修行という形態は、前述の仏教やジャイナ教以外のシク教、さらには外来宗教であるキリスト、イスラム、ゾロアスター（パールシー）にも、その伝統の影響が認められるという意味で、これはインド亜大陸に普遍的な伝統ともいえるのである。

出家・修行主義の宗教伝統は、インド宗教の通奏低音として大きな流れを形成してきたが、その研究がヴェーダの宗教研究のようには盛んにはならなかったのは、彼らが文字を持たなかったことに加えて、閉ざされた宗教空間において難行苦行を行うことが、もっぱらであったからであろう。

出家という形態をとり、森林の中においてその宗教的理想を求めて難行苦行を行い、人知れず朽ち果てていった多くの宗教者の実態は現在でも把握することが難しい。しかし、彼らの存在が、インドの宗教の特徴を形成していることは疑い得ない。

ちなみに、出家と修行の宗教生活を明確に後世に伝える役割を果たしたのは、皮肉にも仏教の創始者ゴータマ・ブッダであった。我々はブッダの修行時代やその対話相手の存在から、紀元前六世紀〜前五世紀頃の森林修行者の実態を知ることができるのである。

†征服者の聖典『ヴェーダ』

バラモン教（特に、その中期以降）や、オール・インドとして拡大したヒンドゥー教の特徴の一つである禁欲、あるいは節欲主義的な宗教思想と実践の淵源も、インドの大地に根ざした非アーリア系土着民族の宗教伝統である。

というのもアーリア人の宗教は、遊牧的な伝統に則し、世俗生活の安楽の追求や子孫繁栄を、祭儀などを通じて実現することに関心があり、その世俗生活をすて、自ら難行苦行し、超越的な宗教世界の安楽を求めるというような現世否定の思想も実践も、その主流には見出せないからである。そして、この非アーリアの伝統である修行という形態こそが、インドの宗教の独自性である。

この発想がヴェーダ聖典に見られるようになるのは、聖典としては新しい部類にあたる『アタルヴァ・ヴェーダ』（成立は紀元前八世紀以前とされるが、その数世紀前までは遡れない）である。

もちろん学問的に明らかにできるバラモン教の主体は、あくまでもヴェーダ聖典を中心としたアーリア人の哲学的な思想運動と、遊牧民文化起源の祭祀中心の宗教形態である。一方、森林修行者は、身体的な修行を主体としており、禁欲や苦行という古来の修行形態をひたすら繰り返して、自らの悟りを得た後は、一人朽ち果てていった。当然、森林修行者の多くは、家庭を持たず（出家）、子も成さなかった。その点バラモン（司祭、僧侶）たちは宗教的な地位や伝統を子々孫々受け継ぎ、継続性と発展性において明確な足跡を残してきた。

ようやく両者が本格的に一体化するのは、民族主義を掲げたグプタ朝の頃（西暦三二〇年〜五五〇年頃）ではなかったろうか。この頃までに、土着信仰にして、森林修行者の神であったシヴァ神が、バラモン教の中心的な存在に位置付けられていく。バラモンたちは自らの宗教の内に、土着の神であるシヴァ神を取り込んだのだ。この宗教運動とヨーガ学派の聖典『ヨーガ・スートラ』の編纂には、おそらく何らかの運動があったはずである(ただし『ヨーガ・スートラ』が現在の形になったのは西暦四〇〇年~四五〇年)。

瞑想と深い関係をもつシヴァ神は紀元前後には、ヴィシュヌ神と並ぶバラモン教の中心的神の地位を獲得し、さらに後年ヒンドゥー教の中心的な神へと成長していく。同様に、ヴィシュヌ神も、出家修行者集団を取り込んで、後のバクティのような宗教運動から民衆の間に浸透した。

バクティとは、ヒンドゥー教の修行形態のひとつで、神の名を一心に唱えることで解脱にいたるという、神に対する献身的な拝礼と絶対的な帰依を特徴とする。この南インド発の宗教形態は、六世紀頃からインド全土に広がったが、この運動を支えたのも、主に南インドの出家修行者であった。

彼らは、ヴェーダの宗教を中核におきつつも、『プラーナ文献』と呼ばれる膨大な聖典を編み出し、民衆の信仰を積極的に取り込んだ。もっともその思想は、司祭階級出身者によって構築された論理であるために、彼らに都合よく体系化されて、バラモン教の一部を形成するようになった。

ヴェーダ聖典を戴《いただ》き世俗世界の祭祀を中心としたバラモンとは異なり、苦行を通じて霊力、呪力を得ることを目指す巨大出家修行者集団の全貌を知ることは難しいが、彼らのような修行者の中から、仏教もジャイナ教も出現したことを考えると、そういった集団がインド宗教の限りない可能性を秘めた者たちだったことは事実である。出家修行者として出発した仏教の創始者ゴータマ・ブッダの教えの中に、出家修行者集団の存在は生かされている。またその編纂が紀元前二世紀から紀元後の二世紀頃とされる『アルタシャストラ《実利論》』にも、森林修行者や出家修行者のことが言及されている。ゴータマ・ブッダが出家と修行の宗教生活を後世に伝える役割を果たしたというのは、このためである。

バラモン教が、ヴェーダ聖典関連宗教の伝統と、出家修行者集団の土着宗教の伝統という大きな二つの異なる宗教形態の伝統が絡まるようにして形成され、現代のヒンドゥー教まで引き継がれていることは、基本的な理解として知っておく必要がある。

†多次元的な構造の根源

ヴェーダの宗教として筆者が念頭に置くのは、四つのサンヒター(本集)『リグ・ヴェーダ』『サーマ・ヴェーダ』『ヤジュル・ヴェーダ』『アタルヴァ・ヴェーダ』と、それに続く祭儀書「ブラーフマナ」、森林書「アラニカーヤ」という天啓文学が成立し、後にウパニシャッド哲学の自由思想運動を生み出す時代までである。紀元前一五世紀頃から前七世紀頃の都市化の時代までの「宗教形態」をヴェーダの宗教だと理解する。

前述したように、ヒンドゥー教は大河にたとえられる。その広大な流れの最初の交わりは、ヴェーダの宗教とダーサらの宗教の出会いである。アーリア人と先住民という異なる要素の融和統合は、紀元前一〇世紀頃から徐々に進み、現在でもそれは完結していないということができる。

一般的には、古代において農業革命から都市が生じるまでには数百年以上を要するものだが、インドではその間隔が非常に接近しており、両者の関係が未分離であるという点が特徴的である。つまり古代から現代までの生活が一つの空間に共存する、多次元的な社会構造になっている。

中央アジアからインド亜大陸へ侵入した遊牧民アーリア人は、高度なインダス文明を支えた先住民や森林居住民を武力で圧倒し、ガンジス川流域を徐々に南下しながら、支配地を拡大していった。遊牧民たちは侵攻の間に農耕技術を取り入れ、森林を切り拓いて小規模な村落をつくった。紀元前八世紀の頃には、アーリア人は現在のガンジス川中流域の聖都バラナシにまで至ったとされる。この時代の先住民との戦闘や同族同士のいさかいの記憶は、ヴェーダ聖典やインド叙事詩マハーバーラタが伝えている。

この頃からインドの都市化、都市国家化が急速に進んだ。遊牧民アーリア人が、先住民を撃退しつつ農業化し、村落共同体を形成した直後（あるいは同時進行で）、都市化や都市国家化が進行した。征服と定住、都市化の過程で、色が黒く鼻の低いドラヴィダ族など先住民と征服者アーリア人の混血が進んだ。その事実は人種的な領域だけでなく、文化的要素においても見出せる。

なお筆者が「宗教形態」と表現するのは、ヴェーダの宗教やバラモン教といった古代の宗教形態も、現代のヒンドゥー教に温存されているという意味からである。つい最近まで、インドの田舎の生活は、数千年来変化が乏しい、といわれていた。それが急速に変化したのは、牛や馬から、農耕機械や自動車などに動力が移行した最近のことであった。インドには現在もヴェーダの時代の生活が生きているだとか、インドは多様性社会だとかいわれるゆえんである。

†遊牧民の宗教からの変容

遊牧民の宗教の特色を色濃く残していたヴェーダの時代、アーリア人は、決して不殺生主義ではなかった。家庭では火を崇《あが》め、共同体では大規模な動物の供犠を行うなど、遊牧民特有の儀礼を発達させた。供犠の目的は招福除災を祈る現実的かつ実利優先の御利益信仰であった。

宇宙全体に関する、原始的だが哲学的自覚や内面重視の思想も芽生えていた。この時代の神々の典型は、天の神ディヤウス（ギリシアではゼウスまたはデウス）であり、太陽神スーリヤ、暁紅神《ぎょうこう》ウシャス（暁紅とは夜明けの光、曙）、雷霆神《らいていしん》インドラ、暴風神ルドラ、風神ヴァーユ、雨神パルジャニヤ、火の神アグニなど、自然崇拝（アミニズム）に起因する神々であった。

いずれも大自然をつかさどり遊牧生活を左右する神だが、インド亜大陸への定住を通じてアーリア人の信仰は大きく変化する。インド西北部にあった河を神格化したサラスバティー女神が芸術と学問をつかさどる神となり、天空と水を支配する神であったヴァルナ神が変化して法律の護持者として崇拝されるようになった。仏教を通じて日本にもたらされ、信仰されている神を紹介すれば、インドラ神は帝釈天、サラスバティー女神は弁財天（弁才天）、ヴァルナ神は水天宮で祀られている。ただし明治政府による廃仏毀釈以降、これらは伏せられる傾向にある。

アーリア人のインド土着化の進行とともに、宗教に変化が生じたのは、遊牧から農耕へ、つまり移動生活から定住生活への変化による、秩序の維持を目指す発想である。その典型が、世界の生成をプルシャ（原人）に託す思想であった。

プルシャの口からバラモン（司祭、僧侶）が生まれ、両腕から王族（後にクシャトリヤ、武人）、両腿から庶民、そして両の足からシュードラが生じたとする起源神話である。プルシャから諸々が生まれたとする発想には、定住社会の秩序を宗教的に説明しようとする意図がある。事実、このプルシャ説は、後にカースト制度の正当化に用いられ、現代にいたるまでインドの社会秩序形成に強い影響力を保持している。

ヴェーダの宗教時代において、バラモンを最上位に位置づけたことは、後のインドにおける政治と宗教、世俗権力と宗教権威の関係を決定づける基礎ともなった。宗教権威が世俗権力に優越するというインド文明の特徴の起源は、ここに求められるのである。

ゴータマ・ブッダの時代には、バラモンの絶対的な優位性は、十分確立していなかったとされる。だからこそ、ブッダやマハーヴィーラが、仏教やジャイナ教という新宗教を確立できたのである。

簡単にインド文明の基礎、ヒンドゥー教の核心をなす古代インドの信仰をヴェーダの宗教として解説した。カースト制度やバラモンの優位性という要素をすでにこの時代に見出すことができる一方、ヴェーダの神々の中にヒンドゥー教の二大主神「シヴァ」「ヴィシュヌ神」をいまだ見出せないことは、注目に値する。

実は、筆者があえてヴェーダの宗教、バラモン教、ヒンドゥー教と分けて説明する理由もこの点にある。それぞれの段階で主神となる神が入れ替わっており、当然その宗教性にも大きな変化が認められる。ここに注目すると、ヒンドゥー教の性質を理解しやすくなる。

†保守と革新のウパニシャッド

次にヴェーダの宗教の後継であるバラモン教に関して鳥瞰しよう。先述のように、形態変化に注目し、時間軸を加えて前期・中期・後期の三期に分けて考察する。繰り返すが、インドの思想宗教運動は新旧の思想が同時期に併存するので、時代区分は非常に困難であり、ここで用いるのは、一つの目安である。

バラモン教「前期」は、反仏教の時代とまとめることができる。ヴェーダの宗教への自由な解釈を通じてバラモン教の思想的基礎を築いた時期、つまりウパニシャッド思想全盛の時代であった(紀元前五世紀〜紀元後一世紀頃)。このバラモン教前期に勢力を大きく伸ばしたのは、後にヒンドゥー教の二大派閥を形成することとなる「シヴァ派」と「ヴィシュヌ派」であった。

定住化と農耕化によって定住民となったアーリア人は、小規模な同族中心の村落を単位に生活した。ヴェーダの宗教は、遊牧的な宗教形態から村落共同体の宗教に変貌していく。その祭祀は家産の興隆や招福除災の儀礼が中心であったが、紀元前七世紀頃から各地に都市が興隆すると、保守的な村落祭祀型の宗教形態から、都市特有の自由で開かれた宗教運動が生まれた。ウパニシャッドは、新興の都市文化、都市の民衆を巻き込んだ新しい宗教運動であった。

けれどこのウパニシャッド思想運動は、その二面性を区別しなくてはならない。確かに、都市型の革新的な思想運動であり、その中でヴェーダ聖典の権威を否定する仏教やジャイナ教が生まれるなど自由度の高い多様な運動であった。しかし、実はこのヴェーダの宗教の改革は、保守的なスタンスを崩さない運動でもあった。この時代を代表する文献には、バラモン教で正統と認められている六派哲学(の基本文献)と聖典『バガヴァッド・ギータ』の成立があった。むしろ一般には、こちらの保守的なスタンスのほうが、正統なウパニシャッドである。

「中期」は四世紀にグプタ朝がバラモン教を国教化したことによる国民宗教の時代である。哲学と信仰を結ぶ文学の時代であり、それはバラモン教がインド民衆の信仰に発展した時期(西暦二世紀〜八世紀)に重なる。

「後期」は、反異民族、反イスラムの民族主義運動の中で、バラモン教が仏教との対抗関係から脱して融和関係を構築してゆく時期(八世紀〜一二世紀)である。この時期に多くの哲学、宗教思想と儀礼(形式のみならず精神も含む)の一元化が推進され、タントラ(汎インド的な呪術的宗教形態)化によって、仏教は溶解してバラモン教の中に取り込まれてゆく。さらにグプタ朝の国粋化の機運に後押しされた民族主義運動によって、反イスラム教のオール・インドである「ヒンドゥー教」へと向かう時期にあたる。

†契機はインドの「都市化」——バラモン教前期

ウパニシャッド哲学の特徴は、「梵我一如」と表現される思想である。ウパニシャッドは、宗教としてだけではなく、インド文明で共有されるほとんどすべての思想、哲学、宗教活動の基本となっている。非常に長期にわたり編纂され、多様な内容を含むウパニシャッドの文献群は、インドの思想活動の重要な基礎部分である。ここに筆者は、インド思想全般に通底する神秘主義的な「融和の思考法」を見出すのである。

一般に古ウパニシャッドと呼ばれる文献群の系譜は、紀元前八世紀から前五世紀の「初期」、紀元前五世紀から前二世紀までの「中期」、紀元前二世紀頃以降（一説には紀元後の一六世紀頃まで書かれていたとされる）の「後期」と大きく三期に分けて理解される。古ウパニシャッドの前期と中期の境は、ゴータマ・ブッダ（生没年ははっきりしないが）の以前以後である。その最初は、『ブラーフマナ』文献（紀元前八世紀頃）後に成立した『チャンドーギヤ（ウパニシャッド）』であり、最も新しいウパニシャッドは西暦二〇〇年頃成立の『マーンドゥーキヤ（ウパニシャッド）』である。

ウパニシャッド文献に展開される思想は、極大と極小の同一性を積極的に認める構造

「梵我一如」（自他同置）を持ち、現実を多元的かつ多重構造として把握して、さらにそれを一体と理解するインド独自の思考法である。バラモン教と仏教、シク教などインド発祥の宗教が共有する思考の基盤であるのみならず、一部ではあるがイスラム教（特にスーフィズム）にも共有された。

さて、本来細分化した村落祭祀を基本とするバラモン教が、統一的な宗教運動、さらには教団として発展した背景には、反ヴェーダを唱えるゴータマ・ブッダの仏教への対抗運動という側面があった。

インド社会の急激な都市化とその隆盛への危機感から、村落祭祀（土着的な宗教）を糾合して、バラモン教至上主義を喚起したことが、バラモン教の大きな形成要因と考えられる。それは、日本において仏教という外来宗教が導入されることで、それまでバラバラであった地域信仰が、日本古来の神道（かみのみち）として、強く意識されることとなった状況と酷似する。

特に、民族宗教の信仰とその社会の関係は、漠然とした連続性があるので、客観的な自己認識は他者の存在を得て初めて自覚される。その意味で、仏教とバラモン教は、よき他者（ライバル）という関係であった。

†神学の体系――ウパニシャッドと六派哲学

本書では基本的に都市型の自由思想としてウパニシャッドという言葉を用いており、先に述べたように、その思想運動は仏教やジャイナ教のような『ヴェーダ聖典』の権威を受け入れない宗教を生み出した。一方、保守的なウパニシャッドのスタンスは、『ヴェーダ聖典』の権威を承認した思想運動である。バラモン教の聖典群を巡り多くの解釈が生まれた。それはバラモン教の肝とされる哲学的な思索の伝統をさし、今日のヒンドゥー教の神学部分に引き継がれている。

現代のインド思想研究では正統なバラモン哲学を六派哲学という。サーンキヤ学派とヨーガ学派、ニヤーヤ学派とヴァイシェーシカ学派、ミーマンサー学派とヴェーダーンタ学派の六派である。もっとも後述のように時代により多少の変動もある。

サーンキヤ学派はウパニシャッド的な自由思想の傾向が強く、二元論の構造（プルシャとプラクリティー）をもっており、神の存在を前提としない合理的で唯物論的な哲学である。ヨーガ学派も、基本的に瞑想を重視するので神の存在は二次的である。ヒンドゥー教の成長過程では、正統派神学者の間で、ヨーガ学派をバラモン教に入れずに仏教に近い扱い、つまり反ヴェーダ思想に分類する時代もあったほどであるが、現在では正統派の扱いとなっている。

ニヤーヤ学派とヴァイシェーシカ学派は認識論関係の学問であり、ミーマンサー学派とヴェーダーンタ学派はヴェーダ聖典やウパニシャッド系思想の解釈学である。

六派哲学の思想はバラモン教を理論づけ、また精緻に体系化するために不可欠な存在であったが、神学に当たるもので一般民衆と直接にはかかわらない。つまり六派哲学が民衆の信仰の核心をなすわけではない。ヴェーダの宗教からバラモン教へと宗教的に拡大するにしたがって、その共有者がインド各地に広がっていく。けれど民衆に信仰を植え付けたのは、六派哲学のような正統な思想体系によるものではない。インドの民衆が神々を自らの社会やインド国土と結びつけて理解する信仰形体を得たのは、バラモン教中期の『ラーマーヤナ』や『マハーバーラタ』などの長大な文学作品によってであった。

†文学が作った信仰形体——輪廻思想と業

バラモン教は、ヴェーダ聖典の祭式万能主義を継承しており、信仰という面ではいわゆる民族宗教の招福除災レベルが中心であった。その呪術を支える理論は精緻で雄大であったが、民衆参加の余地は乏しかった。なにより呪術世界への受益者の参加は、供物やバラモンへの報酬が中心であり、道徳性などは重視されなかった。

しかし、ブッダの誕生以前である古ウパニシャッド前期に輪廻思想が確立され、インド思想に特有の業《ごう》思想と結びつく。すると、神やバラモンの呪術力にたよらず、修行あるいは自己抑制（ヨーガなど）により、自己救済の可能性を主張する宗教が生まれてきた。つまり、輪廻思想と善悪の行為の因果を、その主体者が直接引き受ける（自業自得）という業思想とが結びついたのだった。

これにより合理的な倫理思想が形成され、従来の祭式による呪術中心の救済構造から、新たに業を重視する民衆参加型の救済構造をもった新宗教（仏教やジャイナ教）が生み出される。この現象は、いわばインドの救済革命というべき現象であった。

それまでの世襲型バラモン教や、出家修行者集団というものは、一般民衆が主体的に参与できる宗教形態ではなかった。けれど、輪廻思想と業の重視によって、仏教やジャイナ教などは民衆が直接参加し、悟りという救いを得られる可能性を開いたのである。いわば、仏教やジャイナ教は、バラモン教や出家修行の宗教の世俗化を主張したのである。

いずれにしても前期バラモン教は、ウパニシャッドという自由思想によって、多様な救済構造が希求され、多様な方法がバラモン教に持ち込まれることとなった。この自由思想を背景に、哲学の発展のみならず土着信仰の中に継承されてきたヨーガも、バラモン教の中に積極的に導入され、大きな存在として重視されるようになった。

また、救済方法の多様化で湧き上がった宗教運動を積極的に取り込むものとして、後代バラモン教中期以降に「物語文学」と呼ばれる物語調や戯曲のような経典が多数編纂されるが、これは『ジャータカ』(ブッダの前世の因縁を説いた仏典)などや大乗仏教教典にも見られる傾向である。

宗教的な救済方法として、倫理的な実践を認める思想は仏教に顕著であったが、バラモン教も紀元前後の頃までには、これを積極的に採用したようで、現在でもヒンドゥー教徒に親しまれている『バガヴァット・ギータ』(前一世紀頃完成した聖典)は、バラモンたちが自らの説教の中に倫理的な教えを積極的取り入れた結果といえよう。

祭祀中心のヴェーダの宗教が色濃かった時代のバラモン教前期は、仏教のような個人の存在を核に、倫理と救済を結びつける思想を展開することは、理論的な困難があった。そこで、民衆の信仰心を鼓舞し、神への絶対帰依(人生を神に捧げる行為)に、最高の道徳的善を見出す(後のバクティ運動)ことが、バラモン教に採用されることで新たな可能性につながり、これが中期バラモン教へと発展してゆく。

†国教化と聖典編纂――バラモン教中期

バラモン教の中期を迎える頃になると、西北インドではギリシア人の支配は終わり、シルクロード交易に潤ったサキャ族、中央アジアから大挙して南下したクシャーン族などが、国家を形成する。それらの民族は、当初こそインド社会に混乱をもたらしたが、やがて融合文化を生み出した。

これらの王朝は仏教を支援し、仏教は普遍宗教として躍進する。一方、社会的な安定と西方貿易で潤った南インド地域が、新たにインド文化の中心地として台頭してきた。その結果、バラモン教の中にも民衆主体の宗教運動が生じる。その形態は主に、社会的な安定と貿易による富の蓄積が顕著であった南インドの思想や文化の中から生まれた。その運動は徐々に北上し、さらに復古主義あるいは国粋主義的なグプタ朝の北部インド統一（チャンドラグプタ二世、在位：三七六年頃〜四一五年頃）により全インド的に発展してゆくこととなる。グプタ朝は、インドをほぼ統一した帝国であった。政治的統一ばかりではなく宗教的な汎インドを作り出し、復古主義の下バラモン教は大いに繁栄した。

この時代に、バラモン教や現在のヒンドゥー教の聖典群の多く、たとえば四世紀頃に『マハーバーラタ』、五世紀中頃までに『ブラフマ・スートラ』や『ヨーガ・スートラ』等の文献が、今日の形に編纂されるのである。グプタ朝下で国教となったバラモン教は、全インドの民族宗教の地位を実質的に確立した。

仏教は弾圧こそされなかったが、ゾロアスター教のササン朝ペルシアの建国（二二六年）とその帝国による一時的な西北インド支配（二三〇年～二五〇年頃）、シルクロード交易の衰退が重なり、徐々に勢力を失って行く。

その一方で、仏教全体としては、インド文化の方向へ転換してゆく。仏教のインド回帰と同時に、バラモン教も論理学など進んだ仏教思想を受け入れる方向で、両者の共存関係が育っていった。その時に、先のヨーガ思想の共有が、大きな役割を果たしたと考えられる。バラモン教と仏教を、ヨーガが文字どおりヨーガ（結び付けた）のである。

また、グプタ朝の復古主義は、ヴェーダ的な呪術、つまり祭式万能主義の新たな方向性を発展させた。それが一般にタントリズムと呼ばれ、仏教では密教となり現代にいたる汎インド的な宗教形態を形成している。

†タントリズムの時代――ヒンドゥーの形成

グプタ朝の隆盛はバラモン教の国教化とバラモン階級の優遇で、村落の隅々にまでバラモン主導の地域祭祀を浸透させ、安定社会を形成したことによる。地域振興のために都市の勢いは逓減《ていげん》し、仏教や都市型思想であったウパニシャッドのような思潮は衰退した。

ウパニシャッド以来、インドの思想は、理想世界を異次元に求める現世否定を主流として展開してきたのに対して、それ以前のヴェーダの宗教は素朴ではあるが現実謳歌、現世肯定の宗教であった。つまりグプタ朝の復古主義が、ウパニシャッド以来沈潜していた現世肯定の祭式万能主義のヴェーダの宗教を蘇らせたのである。

もちろん、それは単なる復元ではなく、それまで一〇〇〇年以上に及ぶインドの諸思想、諸宗教が積み重ねてきた知的な営為を受け継いだものだった。ヴェーダの呪術儀礼を通じてであるが、新たな思想運動としてインドの諸思想を再統合しようとする運動でもあった。グプタ朝の政策は、それまで知的・肉体的な修行あるいは苦行により練り上げられてきた思想、宗教における諸々の知的伝統を抽象化し、象徴化してヴェーダ的な祭式体系の中に位置づけ、再構築させたインド宗教の復古運動であった。

この国粋主義的なグプタ朝のバラモン教回帰の風潮は、王朝の崩壊を招いた中央アジアのエフタルのインド蹂躙（西暦四五〇年頃）や、それに続くイスラムの侵攻など、インド社会不安定化の中でいっそう先鋭化していった。

後の七世紀後半から八世紀、イスラムの脅威を背景に、インド宗教の地殻変動が起こり、インドのナショナリズムが台頭したのには、このグプタ朝の復古主義的風潮の残滓《ざんし》があったことは否定できない。インドのナショナリズムによって、インド発祥の宗教が汎インド化（タントラ化）していたのである。

こうした過程の中、反ヴェーダの宗教であった仏教は、その独自色を喪失（仏教のバラモン教化）し、やがてバラモン教に吸収されていった（一三世紀頃〜）。その結果が現在のヒンドゥー教ということである。

ここで注意すべきは、タントラ化された宗教においては、従来の知的な伝統を否定したわけではなく、インド思想の特徴を包摂し利用する融和型併呑だったことである。ヘーゲル流にいえば弁証法的否定の構造ともいえるかもしれない。

都市型自由思想であったウパニシャッドと入れ替わるように復古主義が登場するが、ウパニシャッド的思潮は消滅したわけではないが、新たな基盤となったのは身体動作と瞑想を結びつけるヨーガの思想であり、さらにタントラ的な一体感の高揚、最高神への絶対帰依（バクティ運動）が民衆の宗教心を糾合したこと。ここに現在のヒンドゥー教の原型が完成する。

第三章　バラモン教とインド仏教

本章ではインドにおける仏教の存在を、インド仏教が宿命的に持つ反バラモン教と親バラモン教という背理的な関係に焦点をあてて鳥瞰するが、この第三章も第二章に引き続き、バラモン教とヒンドゥー教を区別する。繰り返しになるが、それは仏教が、発足当初から古代の民族宗教「バラモン教」とライバル関係にあったためである。

前章で説明したように、国際情勢の変化に伴うインド社会の変容、さらにイスラム教のインド侵攻と定着などにより、仏教はインドで徐々に減退し、バラモン教に吸収された。もちろんすべての仏教徒がバラモン教に吸収されたわけではない。かなりの数の仏教徒がムスリムになった。とはいえ多くの仏教徒の改宗者さえ包摂して、異国の宗教イスラム教に対抗すべく生まれたオール・インドの宗教が、ヒンドゥー教である。

この視点は、時間感覚に乏しいインドの歴史を、ヒンドゥー教中心に無理やり概観するものであるが、こうしてインドの宗教史を鳥瞰すると、バラモン教と仏教、バラモン教とヒンドゥー教、ヒンドゥー教とイスラム教の相互関係が分かりやすくなる。また、この視点から整理することで、インドにおける仏教の存在と消滅の意味も理解しやすくなると筆者は考える。

†仏教とバラモン教の鳥瞰的把握

仏教は、存立基盤たるバラモン教やインドの文化を剝離させることが容易な構造であった。そのため異民族の多様な要素を取り入れて、特定の民族、宗教、文化に偏らない普遍宗教として信仰を得て、ユーラシア大陸に広く伝播した。しかしインド亜大陸内では、バラモン教と常に緊張感をはらんだ。

すでに述べたように仏教は、ウパニシャッドの自由思想の申し子的な存在として生まれたゴータマ・ブッダ（紀元前四六三年〜前三八三年または紀元前五六五年〜前四八六年など、生没年にはいくつも説がある）が起こした新宗教運動であった。つまり、思想的、社会的、または教団的にも、バラモン教とそれを支えるインド社会の存在なくしては、仏教の誕生

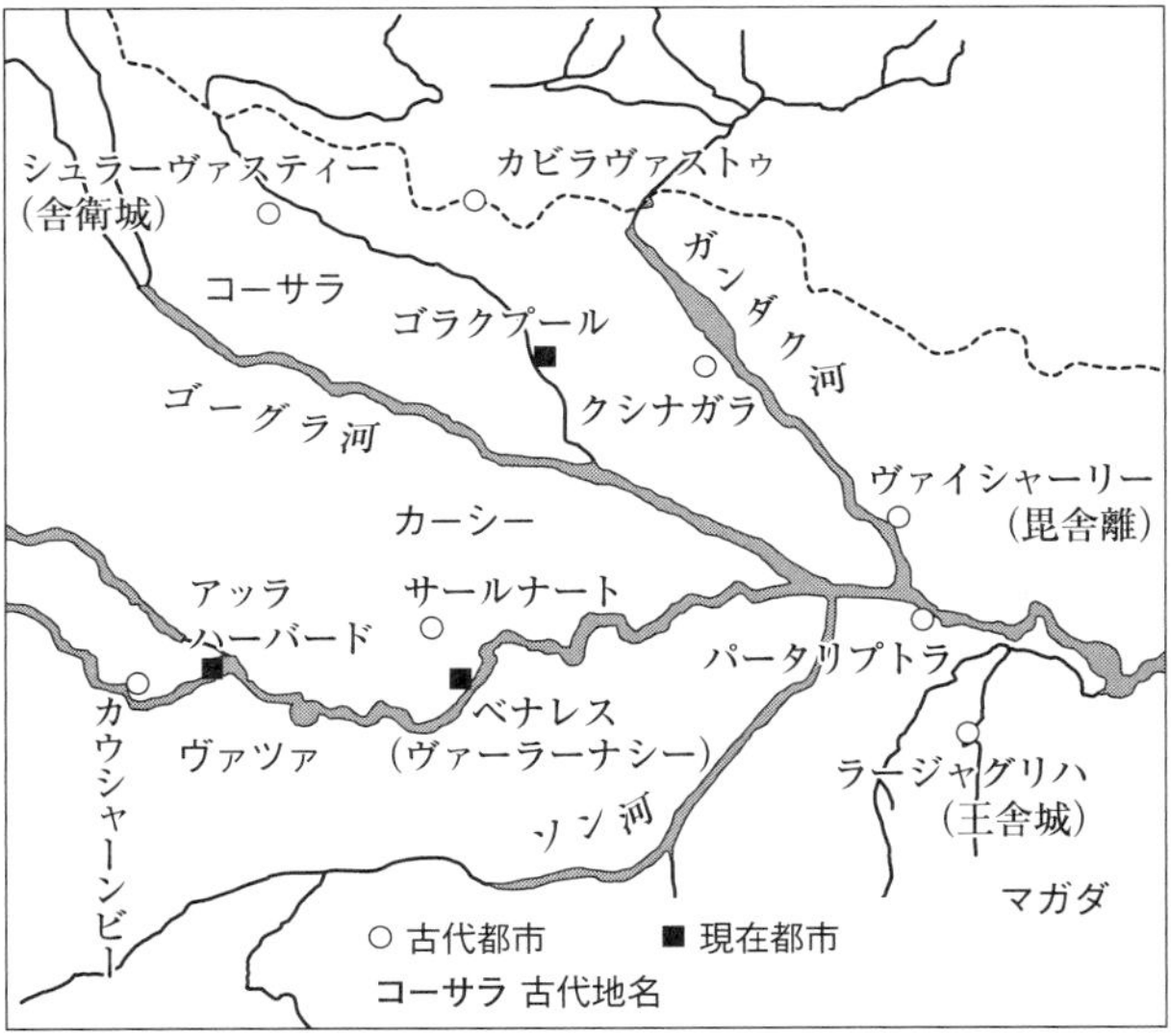

仏教立教の頃にブッダが活動した地域

も成長もなかったことは自明である。仏教はインド社会の一員として、インド社会から遊離していたわけではない。

誕生間もない仏教が、バラモン教から宗教的に独立するためには、バラモン教の教理や文化を否定的に乗り越えることが不可避であった。しかし、同時に、仏教がインド社会で活動するには、バラモン教との関係を断ち切ることも決してできなかった。この点が、インド仏教研究の他地域の研究と異なる点である。

インド仏教は、思想的にも社会的にも、政治的、経済的、文化的、そしてなにより宗教的に、反バラモン教と親バラモン教という両極を、大きく揺れ動きながら形成された。つまりインド仏教の盛衰史は、自由思想家としてのゴータマ・ブッダが、新興宗教の基礎を構築して以来、バラモン教と競合関係を構築しつつ、時に反発し時に融和し、最終的にはバラモン教とイスラム教へと溶解していった歴史であった。

仏教は、マウリヤ朝（紀元前三一七年〜前一八〇年）では優遇され、バラモン教を重視したシュンガ朝（紀元前一八〇年〜前八〇年）では、聖樹バニヤン（菩提樹）が切り倒されるような弾圧もこうむった。とはいえ、バラモン教との対立は厳しいものではなかった。インド全体が保守化し、バラモン教が優遇された西暦四世紀から六世紀のグプタ朝時代には、仏教がバラモン教に接近し、積極的にその要素を取り入れることで、インドの大多数のバラモン教徒と融和共存関係を構築する方向へ軌道修正した。その結果、民族宗教であるバラモン教に併呑されヒンドゥー教の一部となった仏教教団は、インド亜大陸から消滅する。一方、反バラモン教的要素を強く持った仏教集団は、イスラム教へと改宗していった。

以上が、極めて簡略なインド仏教盛衰のイメージである。いずれにしても、インド仏教の歴史は、祭式万能主義を基礎とするバラモン教との競合の歴史であり、ついには強大な民族宗教バラモン教という大海に沈む敗北の歴史であった。

1 ウパニシャッドの申し子

†ブッダ誕生の社会的背景

第二章では、ヴェーダの宗教からバラモン教、さらにヒンドゥー教へと変化（成長）する起点が、インド社会の都市化とウパニシャッドの自由思想運動にあったという視点を紹介した。ウパニシャッドを起点とするのは仏教も、その姉妹宗教ともいえるジャイナ教も同じであるが、両教はヴェーダの宗教の権威を否定あるいは認めなかったインドの異端的宗教であり、ウパニシャッドの自由度を極限まで追求した宗教である。

仏教の開祖ゴータマ・ブッダ（悟りを開く前はゴータマ・シッダールタ）は、インドに都市や都市国家が生まれた時代に生を受けた。ゴータマ・シッダールタの生まれたこの時代を、比較文明学の泰斗、伊東俊太郎博士は「都市革命の時代」と呼んだ。都市は「人間の、人間による、人間のための生活空間」である。インドの人々は、この都市革命の時代を経て、圧倒的な自然の力から解放され、人間本位の生き方を追求できる空間を手に入れたということになる。

一般に、この都市革命を経た後、伊東博士が「精神革命」と呼び、カール・ヤスパースが、「枢軸時代」と呼ぶような、今日の我々の精神世界の核を形成した時代を迎える。インド以外の文明では、都市革命(都市の発生と成長)から精神革命まで長い年月を費やしたが、インドの場合は、都市革命と精神革命がほぼ同時にやってきた。そのためインド社会の村落化と都市化とが、近接している点が特徴である。

保守的な村落社会と、進歩的な都市型社会の共存関係が、インドでは他の地域以上に未成熟であり、両者はある種の対抗関係にさえある。筆者はここに、進歩的な都市住民を背景に持つ仏教と、農村を基盤とする保守的なバラモン教との対抗関係が生じ、両者の関係が特異なものとなった理由だと見ている。

†長寿だったブッダ

ゴータマ・ブッダにより始められ仏教は、実質的に人類最初の普遍宗教である。ゴータマ・ブッダは、古代人としては長寿の八〇歳まで生きたとされる。三六歳で宗教的覚醒体験「悟り」つまり理想の状態の完成を得た。その後の四十余年、ひたすら自ら体験し、獲得した宗教的叡智を人々に説き続けた。その生きざまは、ブッダに最後まで近侍したアーナンダへの言葉から容易に推測できる。

アーナンダよ。わたしはもう老い朽ち、齢をかさね老衰し、人生の旅路を通り過ぎ、老齢に達した。我が齢は八十となった。譬えば古ぼけた車が革紐の助けによってやっと動いて行くように、恐らくわたしの身体も革紐の助けによってもっているのだ。しかし、向上につとめた人が一切の相をこころにとどめることなく一部の感受を滅ぼしたことによって、相の無い心の統一に入ってとどまるとき、そのとき、かれの身体は健全（快適）なのである。それ故に、この世で自らを島とし、自らをたよりとして、他人をたよりとせず、法を島とし、法をよりどころとして、他のものをよりどころとせずにあれ。
（中村元訳『ブッダ最後の旅』岩波文庫）

ブッダは、常に道を求め、努力することを尊重し、自らも道を示すための努力を惜しまなかった。臨終間近の苦悶しつつ横臥するブッダに、強引に説法を求めてやってきたスバッダには次の言葉を与えた。

スバッダよ。私は二十九歳で、何かしら善を求め出家した。スバッダよ。わたしは出家してから五十余年となった。（その間私は）正理と法の領域のみを歩んで来た。これ以外には〈道の人〉なるものも存在しない。（中村、前掲書）

仏教は、実在したゴータマ・ブッダという個人の実体験を通した教えによって、その基礎が構築されている。バラモン教のような、個々人の努力では直接あずかれない祭式万能主義とも、神の言葉（命令や指示）を、受ける形で発せられる構造の預言型宗教とも異なっている。

預言型宗教は、一種の神懸かりに根拠を持つもので、預言者の言葉（救済のための条件）は神によるものであり、教えの責任（いわば著作権）は神がもつ。預言者はその言葉を伝えるスピーカー、伝達者という位置づけで、本人の資質や努力とは基本的に無関係であるがゆえに、その預言に意味があるという構造になっている。

預言型宗教の典型が、セム族の宗教である。特に、イスラム教は、預言者は「市井の人」という視点を強調する。一方、同じセム族の宗教であるキリスト教は、イエスを単なる預言者ではなく選ばれし神の御子と位置づけ、イエスの教えに根拠を与える。

セム族の宗教に共通することは、預言者自身は、その教えの内容を実際に体験していないということである。つまり、イエスにしろ、ムハンマドにしろ、実際に教えの内容を体験していない。だから預言者（言葉を預かるもの）なのである。

その点ブッダは、自ら悟り（仏教的な救い）を体験し、実践し、その体験を人々に説き、人々に自らと同じ道を歩ませようと活動した。その意味で、師匠であり、導師であった。仏教が仏道と呼ばれるゆえんである。なお自ら歩み、自ら到達した体験の再現の方法（悟りへの道）を具体的に表すという構造は、同世代の宗教ジャイナ教にも共通している。

いずれにしろ、ブッダは自らの体験に基づいて獲得した宗教的確信を、自らの言葉でひたすら説き続けた。それは人々の幸福のために捧げた八〇年の人生であった。

†反バラモンとしての仏教

仏教は、真理（正理）の実践を重視する倫理的教えであり、その実践により、誰もが宗教的な救い（悟り）に到達できるという画期的な教えであった。

ブッダがスバッダに語った「正理と法の領域のみを歩んできた」という言葉に象徴的に現されているのは、後に「四諦八正道《したいはつしょうどう》」と呼ばれる教えである。その眼目は、ブッダにより説かれた真理の教え（四諦）を実践すること（八正道）により、誰でも悟り（救いの状態）にいたる、あるいは悟りを得ることができるというものである。キリスト教やイスラム教などセム族の宗教のように、絶対神にすべてを収斂させる閉鎖的（排他的）な構造の対極にあるという意味で、仏教は開放的であり、寛容である。

ブッダは、宗教的な救いを司祭階級が祭祀という形で独占支配したバラモン教に対して、いかなる者でも自らの努力により宗教的な理想（悟り・救い）を得ることができる、と主張したのである。この宗教形態は、バラモン教にも宗教改革をもたらすものであった。

ブッダの教えは、心ある民衆に宗教的な救いを開放したという意味で、反バラモン教の宗教改革運動であると同時に、肉体を極度にさいなむ苦行者の宗教にも対抗する運動である。つまり仏教は、祭式万能主義を唱え、すべての宗教行為をバラモン階級が独占するバラモン教の閉鎖型の構造や、民衆には実践不可能な生活を送る苦行者たちと対極的な、理性重視の開放型宗教なのである。

ブッダの教えは誰にでも開かれており、何ら秘匿するものがない明快な実践倫理体系であった。すべての衆生は、悟り・救いにおいて平等である。仏教教団内では、僧侶の出自は関係ない。バラモン教の骨格であるカースト制度の宗教的、社会的な差別を認めないことは、仏教からバラモン教に対する挑戦でもあった。

だからといって仏教は、バラモン教を排除あるいは暴力を用いて対立抗争することは、ほとんどなかった。仏教は、その世界展開において、軍事力や政治的圧迫により競合する他者の排除を伴うことなく伝播し、既存の宗教と共存共栄関係を樹立してきた。そのため後年に平和宗教、寛容の宗教と呼ばれるが、その理論はどのようなものだったのだろうか。仏教の寛容を、ブッダの言葉に探ってみたい。

†根本思想は、対立を超えること

寛容とは、「自らと異質な信仰や考えを持つものを、自らと同一視する」こと、つまり「他者を自らのごとくみなし、それを尊重する」という基本的な精神である。筆者の言い方ならば自他同置（自他同地）である。

同じ「寛容」という熟語であっても、一神教におけるそれは自らが我慢して他者の存在をゆるす、見て見ぬふりをするということで我慢する寛容である。結果的には異質なものとの共生関係は成立するが、それも堪える方の堪忍が限界を超えれば一瞬にして非寛容になる。しかし仏教のように、相手の立場に我が身を置き換えるというような構造なら、永遠に寛容で居続けることができる。

ブッダの自身の言葉をいまに伝えるとされる『阿含経』は、この点を次のように伝えている。「ある人々が真理である、真実であるという見解を、他の人々が虚偽である、虚妄であるという。彼らは異なった執見を抱いて論争する。なにゆえにもろもろの道の人は同一のことを語らないのであろうか」（中村元『ブッダのことば――スッタニパータ』岩波文庫）、と。

ゴータマ・ブッダは、自説のみを絶対視し他の説を退けるその姿勢が、争いや対立を引き起こす原因であると教えるのである。

ここでブッダが批判したのは、主にバラモン教である。祭式万能主義のバラモンたちは、あらゆることを祭式により解決できるとして、まさに傲慢で、非合理な宗教的状況を生み出していた。ブッダは、バラモンたちの言動を、理性とその教えの合理的な実践により否定したのである。しかし、ブッダはバラモン教を全否定したわけではない。むしろバラモン教を合理的に読み替えて、真のバラモン教の形成を主張した、という視点も成立する。というのも、ブッダは、「真のバラモンとは、ブッダの教えを実践するもの」という言葉も残しているからである。

仏教とバラモン教の融和的な関係を象徴的に表したものが、「梵天勧請」である。梵天勧請の教えこそ、仏教が巨大なバラモン教に併呑されず、バラモン教との是々非々の関係を構築して、独自の思想や教団を形成できた思想の核心であった。

†ゴータマ・シッダールタ二度目の悟り

「梵天勧請」は、ブッダの悟りの瞬間を経典にしたもので、経典の成立はやや時代が下がるとされるが、仏教の根本思想を象徴する教えとして広く普及してきた。仏教が世界展開するときに、その土地の既存の価値観、社会、宗教といった文明要素と対立することなく、共存共栄の道を実現できた思想構造は、この教えにある。

その原典『梵天勧請経』(パーリ語)に則って、簡単に紹介しよう。実は、この経典には、ブッダの思想が完成する過程が明確にあらわされており、さらに、後の仏教の思想的展開の原型も象徴的に表れていて、極めて興味深い内容である。

六年に及ぶ苦行を放棄し、自らの道に歩み出たゴータマ・シッダールタは、ウルベラー樹の下で瞑想し、悟りを得る。シッダールタは満足感に浸り、そのまま自己完結(自死)しようとさえ思った。

『梵天勧請経』では、「私の悟ったこの真理(法)は深く、見ることが難しく、(理解するのが)微妙で、賢者のみ感受(感得、直観)するものである」という、シッダールタの興奮冷めやらぬ言葉が、述べられている。しかも悟りを得たシッダールタは、自らの体験を客観的に言語化することの難しさを覚え、実に否定的な見解を並べる。つまり、悟りを言語化する意思がない。その理由が大変面白い。

シッダールタは、「私が苦労してやっと到達した(悟りを)いまや説く必要がない。貪りに取りつかれた人々に、この法を悟ることは難しい。これは(世間の常識とは)逆行するもので、微妙で、深遠で見る(理解する)ことが難しく、貪りに耽り、闇に覆われた人々には、見ることができない」と深く考えて、説法することに無関心となって、説法を行おうとは思わなかったのだった。

この時点では、シッダールタは伝統的な修行者の悟り体験以上のことを望まなかった。何十年にもわたり片足で立ったり、茨の上に座ったり、炎で体を焼いたり、あるいは極限まで断食するような、世俗世界からは超越している出家修行者や後のシヴァ派に属する集団と同様であったと考えられる。つまりシッダールタは、まだ伝統的な修行者の宗教領域に止まっていた。その意味で、バラモン教系の修行者の一人であった。

一般的に理解されているように伝統的な修行を放棄したとはいえ、シッダールタはその延長において悟りに達したのである。だからこそ、自己の悟りに満足し、布教という他者への働きかけに関心が向かなかった。それが当時の出家修行者の伝統だからである。

この時のシッダールタは、自ら苦労して悟ったことを、「貪りに取り疲れ、闇に覆われた（煩悩の闇に取りつかれた）一般の民衆」にわかるように語ることの意味を見出せずにいる。「（欲にまみれて、闇の世界でうごめく庶民への説法は）私には疲労が残るだけだ。煩わしさがあるだけだ」という極めて自己本位の発言は、この第一回目の悟り体験を明確に表している。悟りは自己の苦行により獲得するものという、当時の修行者の伝統に則した思想を述べたのである。

†二度目の悟りと梵天勧請

伝統的な出家修行者としての修行の完成者、つまりバラモン教徒としての修行完成者の状態に留まっていたゴータマ・シッダールタだったが、この自己中心の悟り状態つまりバラモン教的、修行者的な境地を脱し、自らの悟りを言語化し、他者に伝えるという困難な行動へと歩みを進めることになる。これが第二の悟り体験、つまり仏教的な悟りの完成である。

バラモン教徒の修行者としてのシッダールタから、新たに仏教の開祖としての修行完成者になるストーリーの主役は、バラモン教の主神であるブラフマン（梵天）だった。

ブラフマンは、「尊い方よ。尊師は教え（dhamma）をお説きください。幸ある方よ、教えをお説きください。この世には生まれの良く、汚れの少ない人々がおります。彼らは教えを聞かなければ退歩しますが、法を聞けば真理を理解するものとなるでしょう」と述べ、シッダールタの意識改革を促したのであった。

ここには、仏教と他宗教の関係性構築に関する基本精神が表れている。ブラフマンは自らの意志で、悟りを開いたシッダールタの前に現れた、ということである。この点がまず注目される。ブラフマンの出現は、あくまでシッダールタ側からの要請ではない。これは、仏教の布教が、仏教の側からの発意、つまり他者への善意の押し売り的な布教ではない、ということである。

仏教は、他の世界宗教のように、布教を神からの使命、あるいは絶対的な命令とは考えていない。それはつまり、相手の都合を考えずに、一方的に押し付けるような方法をとらない、ということである。ここに仏教の他者尊重型（いわゆる平和型）伝播形式の原型が見て取れるのである。相手が必要とするときに仏教はそれに応える、という受動的な布教姿勢をもつ。

ゴータマ・シッダールタの前に現れたブラフマンは、あたかもシッダールタを神の如くみなし、彼に合掌・敬礼して、教えを説くことを懇願する、つまり勧請する。協力を請うたわけである。ブラフマンが、逡巡するシッダールタに向かい、「願わくは、この不死の門を開きたまえ。世尊よ、真理を説きたまえ。真理を知る者（annatara）もいるでしょう」という部分である。

世俗世界の主宰者ブラフマンという神自らが、シッダールタの教えを民衆に説くように要請したのである。梵天勧請の設定を経て、ついにゴータマ・シッダールタが動き出す。仏教の開祖が、ヒンドゥーの神からの懇願、働きかけに応じて、悟りの形態を変化させたのである。

「その時世尊師は、梵天の要請を知り、衆生への憐みの心により、目覚めた人となって世間(loka)を見た」という文章は、完全に世俗世界への接近を決意した思想的な立場の転換、つまり世俗世界へのかかわりの積極的な心の動きを表している。それもブラフマンというインド固有の宗教の主宰者の勧請によって、シッダールタの心に民衆への哀れみ、思いやりのベクトルが生じた、というのである。サンスクリット語の「カルナーナ(karuṇā)」は、仏教の慈悲の思想の原点的存在であろう。

梵天勧請は、仏教の存在に、他者の助けや協力が不可欠であるということであり、これは後に、仏教と他宗教との関係において、大いにその有効性を発揮することになる。

†神仏習合型宗教へグレードアップ

この構造はインドであるからブラフマン神であるが、それが他地域においては現地の宗教の神になり、日本にくれば神道の神ということになる。仏教はインドにおいても、また他の地域において、伝播した各地域で地元の宗教と平和的な共生関係を築いてきたが、その宗教的な根本構造を支える思想的な核こそ、この梵天勧請思想なのである。この神仏習合的な構造は、仏教が平和的に世界宗教となり得た構造だったと筆者は考える。

こうして、自己完結型の悟りから、他者救済型の悟りへとグレードアップし、真のブッ

ダとなったゴータマは、

目あるものは見よ、耳あるものは聞け。甘露の不問が開かれた。

と、民衆へ説法する決意を持つ。ここに初めて、真の意味の仏教の開祖ゴータマ・ブッダが出現したのである。繰り返しになるが、梵天勧請が示したブッダの、というより仏教思想の基本構造は、真に仏教が存在するためには、他者の協力が不可欠だということである。あらゆる存在には縁起（相互依存構造）があり、いかなるものも単独では存在しえないという思想の現れである。それゆえに慈悲（他者への働きかけ）が重要であり、そのために自己の絶対性を乗り越える智慧（無我や空の思想）を獲得し、これを実践（八正道）する仏教思想の根源が、ここに込められているのである。

この思想は、仏教が既存の地域社会、地域信仰などと対立しない関係性構築の原動力となっている。仏教の寛容思想あるいは平和思想の根源をここに認めることもできる。しかし同時に、仏教がインドや他地域で滅んでいった主要な理由もまた、ここにあった。

†ブッダの聖遺物崇拝と仏教の展開

ブッダ入滅（涅槃）後の仏教は、宗教エリートである出家僧たちの経典の編集作業と、在家信徒たちによる葬儀という大きな宗教行事によって、新たな教団化の動きが始まる。

インドにおける仏教教団の存在に着目すれば、まずブッダの骨灰への信仰について知る必要がある。有名なブッダの骨灰（シャリーラ、舎利）の争奪（八王分骨）と、その不思議な聖遺物崇拝である。

宗教には、教団の形成や維持のためにシンボルが不可欠である。その象徴は当然、教えの編集（第一次仏典結集）であるが、仏教ではさらにインドの伝統と異なり、ゴータマ・ブッダという聖者の骨灰を聖遺物として崇拝するという、極めて不思議な習慣を、その当初から持っていたのである。

ブッダ自身は、自らの葬儀に僧たちが関わることを許さなかったゆえに、その葬儀は、バラモン教の伝統に近い形で、仏教信徒らが行ったはずである。しかし、ここで明らかに、古代インド文化の伝統とは異なることが起こった。

インダス文明にしろアーリア人にしろ、バラモン教にしろヒンドゥー教にしろ、インド文明の伝統では、偉大なアショーカ王のような帝王であろうと、ヴェーダーンタ哲学者シャンカラやシク教の開祖ナーナクのような聖者・思想家であろうと、その遺体や遺灰を祀るいかなる施設も、またその文化も存在しない。もっともムスリムはその逆で、フマユーン廟、アクバル廟や世界一美しい墓といわれるタージマハルや聖者を祀るハンカーと呼ばれる日本の寺院のような墓を中心とする施設がいたるところにある。

ブッダの骨灰は、ネパール国境に近いウッタル・プラデーシュ州のピプラーワーにおいて、イギリス人の考古学者ウィリアム・ペッペにより一八九八年に発見された。歴史的にもマウリヤ朝のアショーカ王（在位：紀元前二六八年〜前二三二年）による仏塔（ストゥーパ）建設により、その骨灰は全インドに再分骨され、一部は、今日では東南アジアや日本にまでもたらされている。

考古学的には、ヒマラヤ山麓の一部には、ブッダの時代に、墓のようなものをつくり供養した痕跡が認められるといわれるが、しかし、ブッダやその高弟（シャーリプトラ、舎利弗）など以外には、仏教でも聖者の骨灰は崇拝されない。現在でも、南方仏教では、基本的に墓は建てない（例外的に、チベットや中国、日本などでは、聖者の遺骸や骨灰を聖遺物として崇拝することもある）。紀元前五世紀〜前四世紀において、王や聖者の墓を聖化し、宗教的な意味を持たせていたのは、インド近郊ではアケネメス朝ペルシアのキロス二世王の墓くらいであろうか。

ストゥーパの存在が、仏教の発展に、当初から大きな役割を担っていたことは無視できない事実である。ストゥーパは、仏教が民衆信仰へと広まる基礎となっており、アショーカ王の守護による仏教教団隆盛の核となったことが重要である。

最初期の仏教僧の基本は遊行であり、彼らが僧院に定住するようになったのは、もっと後のことである。僧院の中心には、必ずストゥーパが建立されていることからも、仏教と聖遺物としてのブッダの骨灰信仰は、深い結びつきがある。民衆中心の大乗仏教運動が生まれたのは仏塔関係者からだという説が後に提唱されることになるのも、仏塔の定着を見ればうなずける（それだけで大乗仏教が生まれた要因を説明することはできないが）。

ゴータマ・ブッダが創設した仏教は、その教えと修行を実践する出家修行者集団と、出家修行集団を支えつつ世俗生活にとどまる在家民衆集団の二重構造であった。この宗教構造は、出家修行者を支えるインドの伝統的な形式であり、日本にも伝わった。

†仏教教団の根本分裂

ブッダの四〇年余にわたる説法は対機説法と呼ばれ問答形式であり、近代哲学のような体系化されたものではない。悩み苦しむ人々に寄り添い、彼らの悩みの解決のために語られたもので、非常に膨大なものになっていた。そこで、弟子たちは第一次仏典結集と呼ばれる教理整備のための活動を始める。たとえばイスラムにおける『コーラン』の編集や、ムハンマドの言行（スンナ）を集めた『ハディース』の編纂に近いものと考えられる。もっとも古代インドには独自の文字はなく、すべて唱和による口伝で伝えられていたので、その内容は徐々に増大する傾向があった。

これはインド宗教特有の包摂的な文化によるものだが、常に解釈の相違を生じる危険性を持っていた。というのもそれぞれの集団が、自らの意見を加えて伝えて聖伝を長大化していったからである。

そもそも仏教の教えは、寛容思想を基本とした。特定の原理を立てない柔軟な構造（無我思想）ゆえに、教団内外の異説をも排除しない思想構造である。結果的として、経典はブッダ入滅後一〇〇年頃に再編集が起こり、これが原因で長老と呼ばれる保守的な教団上位者の集団（上座部）と、比較的若く柔軟な教義理解を認めようとする大衆部《ダイシュ》の分裂、いわゆる根本分裂が起こったとされる。

しかし実際のところ、都市住民に受け入れられ経済的に豊かになった仏教は教理の体系化や精緻化にそのエネルギーを集中したことで、徐々に権威化していった。このことが、仏教教団の根本分裂につながったことは否定できず、仏教教団の硬直化を物語る最たる例であったと言える。その後も、仏教教団の分裂騒ぎは収まらなかったため、アショーカ王が碑文の中で戒めているほどであった。一方、仏教の隆盛は保守的なバラモン教の思想形成や宗教運動を大いに刺激した。いわばバラモン教を支える保守的バラモン僧たちの危機意識を醸成した。

とはいえ、アショーカ王の仏教への帰依を通じて、教団は急速に拡大した。その範囲は、全インドのみならず、セイロン（現スリランカ）や現在の中近東にも広く布教され、特にヘレニズム時代の思想形成に影響があったということが明らかになっている。

†枝葉分裂と部派仏教のアビダルマ

ゴータマ・ブッダの思想は、理想主義的ゆえに反バラモン教的で、同時に、インド社会の一員であるがゆえにバラモン教文化を共有するという両面を持っていた。ブッダの後継者たちにおいても、基本的には、バラモン教の存在を前提としつつ、独自の道を追求するというスタンスをとっていた。なぜなら彼らの多くは、バラモン教徒として生まれ育ち、その後に仏教で出家した修行者であったからである。そのために宗教エリートである出家者は、バラモン教との違いを明確にするために、教理研究に精力を費やし、独自色を出そうと努力した。

根本分裂した仏教教団は、さらに枝葉分裂を繰り返し、一八部派を数えた（部派仏教）。根本分裂以後、保守的な上座部の流れは現在の南方仏教に引き継がれる。部派仏教教団が独自に整理して残した文献群がアビダルマである。アビダルマとは「法の研究」という意味であり、ブッダの教えを研究し、それが示す真理を発見することを目指すものである。この文献は膨大な量におよぶ。いわゆる仏教の経典を経・論・律の三蔵と呼ぶが、三蔵の論に当たるのが、紀元前後までに成立したとされるアビダルマ文献である。

アビダルマ文献は極めて論理性が高かったが、体系化された五位七十五法などの思想は、民衆に向かってなされた仕事ではなかった。バラモン教との宗教的対立の回避を意図としたのか、あるいはバラモン教哲学学派との対抗から生じたのかは不明であるが、いずれにしても、その精緻な哲学大系が布教を意識したものでないことは事実である。

本来民衆の側に立つ宗教として発生した仏教は、国王や富裕な大商人たちの支援を得たことで、民衆から乖離した存在となったといわれている。また部派の中には、バラモン教のアートマン（常住、不変の存在、ブッダはこのバラモン的な見解を否定した）に準ずる存在原理（仏教ではこれを有という）を部分的に認める説一切有部、さらにはプトガラと呼ばれる仏教的なアートマン論（不変の原理・存在を支える根本原理）を持つ正量部のような学派が勢力を誇った。

ただこれは、インド社会では当然の結果ともいえる。つまりバラモン教を前提とした否定の論理は、いくら精緻に展開しても、結果的に前提を超えた創造的な成果を得ることは難しかったからである。いくらアートマンの常住を否定しても、仏教を支える多くの民衆は、依然としてバラモン教文化の構成者である。バラモン教と異なる思想を核とする仏教という独自な宗教、さらには文明を構築しようとしても、インド社会においては、仏教もその一部として存続せざるをえなかったからである。

その意味で、ブッダの目指した独自思想が、理想的に展開できたのはインド社会を脱した非バラモン文明圏においてであった。

とはいえ、宗教的な理想を社会的に実践することを強調する倫理宗教としての仏教は、その後のインド社会でも確実に継承され発展している。この実践倫理的な教えは仏教の特徴であり、バラモン教が敵視した仏教思想は、平等という理想を実現するために、社会的な実践を伴う社会運動でもあった。

その象徴的な思想が、アショーカ王の奉勅に明記されている。アショーカ王は、仏教の「ダルマ（法）」は、国王さえも例外としない徹底した平等主義であり、それゆえに一切の生物を慈しみ、真実を語り、実践し、他者に寛容であり、慈悲心を起こし弱者を助けることであるとしている。この主張は、まさしくバラモン教の階級制度や祭式至上主義の否定に繋がる。

このような仏教の教えは、宗教エリートよりも現実社会の矛盾に苦しむ民衆へのアピールとなった。特に、革新的な都市住民や知的な人々には、大きな影響力を持った。そこには、仏教教団における在家者の存在を高く評価する仏教の伝統が生きている。

†民衆を巻き込む「説話」による運動

バラモン教でも同様であるが、権威化し、硬直化した仏教教団の流れを大きく変える契機になるのは民衆の宗教心の喚起と、大衆運動化であった。仏教の大衆化ともいえる大乗仏教の発生と拡大は、大衆を巻き込んだ「説話」による運動があったためである。

顕著な事例が仏教説話、特にブッダの前世の因縁を説いた有名な『ジャータカ』の編集などではなかったか、と考えられる。日本でも高度な教理解釈は、比叡山や高野山に籠もった学僧による精緻な研究によって行われたが、民衆への仏教信仰の浸透は、旅回りの念仏僧や平家物語を語る琵琶法師のような半聖半俗の僧であった。

同様に、バラモン教社会においても「バガヴァット・ギータ」を含む『マハーバーラタ』や『ラーマーヤナ』などの民衆文学の原型がみ生み出された時期が、紀元前二世紀〜紀元後一世紀頃といわれ、ちょうど仏教の大衆文学運動とも多分に重なりのある時期であったことはもっと注目されてよいのだが、その歴史的な関連を立証するような文献資料はほとんどない。

しかし大衆を巻き込んだ運動が、バラモン教だけとか仏教のみとかで説明できるわけではないこともまた事実であろう。事実、この時代にも異民族の侵入と定着はあったが、社会的な安定とシルクロード貿易などの経済活動で莫大な富がインドにもたらされ、インドの人々は平和と豊かさを享受できていた時代である。

2　大乗仏教の意義

†大乗仏教発生前の仏教

さて、進歩的な大衆部のグループから、大乗仏教教団が生まれ、その思想が明確化したのは、紀元前一世紀に成立した最初の般若経典の一つ『六波羅蜜経』より前、紀元前一五〇年頃より少し後とされる。というのも紀元前一五〇年頃成立の『弥蘭陀王問経』(『ミリンダパンハ』あるいは「ミリンダ王の問い」)には、大乗仏教の思想も、また教団の存在も言及されていないからである。

もちろん経典に現れないからといって、その存在がなかったということはいえないが、いずれにしても進歩派のなかには、伝統に過度に縛られない自由な思想解釈が認められ、ここから多様な背景を持つ異民族や異教徒の宗教思想や文化を受け入れて、普遍的思考、脱インド的な思想を持った大乗仏教(と後代呼ばれる宗教運動)が生まれてきたのである。

さらに仏教は、アショーカ王の入信と、小アジアや中東地域への布教、また中央アジアのギリシア人王などの入信があり、グローバルな宗教となった。

大乗仏教が生み出される少し前の時代とされる『弥蘭陀王問経』には、ギリシアの哲人皇帝の伝統を引き継ぐメナンドロス王（在位：紀元前一五五年～前一三〇年）と仏教僧のナーガセーナ長老との哲学議論が展開されており、議論の結果、メナンドロス王が仏教に入信したと伝えるものである。

とはいえ、この頃の仏教の本流は、煩瑣《はんさ》な教理体系を構築した上座部（根本分裂後の名称）であった。彼らは伝統重視の保守的仏教、つまりゴータマ・ブッダの弟子の仏教という立場を堅持した。その意味で、時代を超えて、その立場や主張に大きな変化はないのである。この系譜が、スリランカや東南アジアの仏教に受け継がれている。

†大乗仏教の鳥瞰的理解

大乗仏教の、いわば改革派魂は伝統的なしきたりに止まらず、積極的に時代の要請に応える形で、異民族の宗教、異民族の文化を取り入れ、仏教の普遍宗教化、世界宗教化に大きく貢献した。時代の要請とは何かは、多方面から検討する必要があるが、簡単にまとめると、異なる文明を融合し、総合する思想を持った宗教の創出であった。その時代的な要請によって生まれたのが大乗仏教ということになる。

大乗仏教の発生を教団史的に位置づければ、仏教内の革新派である大衆部から発生した新仏教運動である。大乗仏教は、経済的に恵まれた仏教教団が徐々に権威化し、硬直化したことに対する教団内からの反発運動に端を発している。つまり、人間の精神や物質等あらゆる現象の要素を分類する五位七十五法など、煩瑣な教理体系を構築し、およそ民衆救済という仏教の根本精神から乖離した上座部（保守派）への反発を、その宗教エネルギーとした集団をもととしているのである。

つまり、大乗仏教は、ブッダの精神をより純粋に実現しようとする仏教の原点回帰運動である。もちろん異民族のインドへの侵入・定着などの古代インド社会の変動も、その背景にある。インドに定着した異民族の受け皿として仏教は機能し、その結果生まれた諸文明の要素を融合したハイブリッド仏教が、我々が大乗仏教と呼ぶ集団であるといえるのである。

この新形式の仏教は、文明融合の初期にありがちな百花繚乱的な様相で、世界各地の宗教諸要素の寄せ集め状態で成長した。特に、それまでの仏教には見られなかったブッダの具象化、それも人間の姿を以てそれを現す（造仏）という伝統も、また仏像の崇拝も、従来の仏教にはなかった、この新仏教運動の特徴であった。

この混沌ともいえる状態は、ナーガルジュナ（龍樹、西暦一五〇年頃～二五〇年頃）らにより思想的に体系化・整理された。以後、大乗仏教はいっそう普遍性をもった仏教として世界展開する。

しかし一方で、大乗仏教をめぐる動きは、時代を追うごとに変化してゆく。特にインド国内では、グプタ朝によるインド国粋文化の高揚に合わせて、仏教各派もインド（バラモン教）文明への回帰傾向を強めていった。

その結果、保守的な部派仏教も、また革新的な大乗仏教も親和的な方向に向かう。唐の僧、義浄（西暦六三五年〜七一三年。在インドは六七一年〜六九五年）の報告では、インド国内において大乗と小乗（戒律重視）との違いは明確化できないほどとなっていた。また仏教信仰自体、バラモン教との差異が小さくなっていた。

さらに時代が下って、仏教内の大乗と小乗の統合が、密教（タントラ仏教）により包括的に行われた。しかし、汎インド的な呪術的宗教形態であるタントラ仏教化は、同時にバラモン教化でもあり、仏教の独自性は結果として小さくなった。

グプタ朝後のインド国内の政治的な混乱、特に遊牧系のフン族やムスリムの侵入・略奪・支配の長期化を背景として、インド社会のバラモン教化がいっそう進展した。その結果として、異端としてのインド仏教も、バラモン教へ吸収合併され消滅していく。

†大乗仏教の史的背景

一般に、思想や宗教教理の変化は、それを支える信徒集団の変化、つまり社会背景と無関係ではあり得ない。むしろ積極的に時代の流れと連動させて考えることが、比較文明学的な視点である。紀元前後のインド亜大陸、特に大乗仏教と関係の深い西北インドからバクトリア地域は、混乱のただ中にあった。この点を簡単に整理する必要がある。

まず、アレクサンダーの東方遠征（紀元前三三四年〜）以来、それらの地域はギリシア人による支配時期が長く続いた。その概略は、アレクサンダーの後を継いだセレウコス（在位：紀元前三一二年〜前二八一年）が建国したセレウコス朝（紀元前三一二年〜前六三年）と、その周辺国家の興亡となる。

セレウコス朝のアンティオコス二世（在位：紀元前二六一年〜前二四六年）の晩年には、セレウコス王国は不安定化していた。東方のバクトリアでは、ギリシア人のデオドドス一世が独立し、グレコ・バクトリア王国（紀元前二五六年〜前一三〇年頃）が建国された。この王国は、セレウコス朝、さらに西隣のパルティア王国（紀元前二四七年〜紀元後二二四年）と戦いながら成長し、四代目のデメトリオス一世（在位：紀元前二〇〇年頃〜前一八〇年頃）が、中央アジアのソグディアナからインダス河に接するアラコシア、ゲドロシアを占領したとされる。

そしてグレコ・バクトリア王国にメナンドロス王が出現する。彼は現在のカブール近郊アラサンダ（アレクサンドリア）に生まれ、王位を継ぐと、積極的にインドに侵攻した。

メナンドロス王は、現在のパキスタン北東部シアールコトに比定される地（異説はあるが）に首都を定め、善政を敷いたとされる。「全インドにおける第一の王」とインド人によって評され、彼が鋳造した貨幣は数世紀にわたり流通した。メナンドロス王は、仏教に改宗（仏教的には帰依）したか、少なくとも仏教に深い理解を示したことは確かであり、彼の奉納した仏塔の遺跡が発見されている。

一方で、イラン系の遊牧民であったアルサケスとティリダテスの兄弟により、西アジアの広範囲を支配するアルサケス朝パルティア王国（紀元前二四七年〜紀元後二二四年）が建国された。パルティア王国は二代目のミトラダテス二世（在位：紀元前一二三年〜前八七年頃）の時代には、インダス川まで領土を拡大した。パルティア王国は、ヘレニズム、ペルシア文明、遊牧文化を融合し、シルクロード交易に介入し、その利益を元として豊かな文化を形成した。しかし、グレコ・バクトリア王国にしろ、パルティア王国にしろ、イラン系遊牧民スキタイの支流とされる大月氏《ダイゲッシ》（ペルシアではサカとも呼ぶ）などからの攻撃に常に晒されていた。そして、グレコ・バクトリア王国は、メナンドロス王の時代以後ほどなくして滅亡した。

その後トハリスタン（バクトリア）には大月氏が大挙して移住し、紀元前後から一世紀頃に、クジュラ・カドフィセス王（在位：紀元前二五年頃〜紀元後六〇年頃）によりイラン系の王朝クシャーン朝（西暦一世紀〜三世紀半ば）が中央アジアからインド西北部を支配して、政治状況は落ち着きをみた。以後、王朝はヴィマ・カドフィセス（在位：九〇年〜一四四年頃）、さらにその子カニシカ王（在位：一四四年頃〜一七一年）の時代に最盛期を迎える。

カニシカ王は、仏教に帰依したともいわれ、インドの仏教僧アシュヴァゴーシャ（馬鳴、一〜二世紀）を厚遇し、仏教を保護、援助した王として有名である。カニシカ王の時代は、特にシルクロード交易による莫大な富が得られ、その証しとして多様な金貨が発行された。その貨幣の表面には、彼らの信仰の証しであるギリシア・ローマ系、イラン系、インド系の神々が多数採用されている。中でもミトラ（太陽神）などイラン系が多く、ヒンドゥー教のシヴァ神も多く採用されたが、何故かブッダの像は少数派であったとされる。この事実が、何を意味するのか、さらなる検討が必要であろう。

とはいえ、カニシカ王の時代にクシャーン朝の都（現在のパキスタン北西部ガンダーラとインド北部ニューデリーの南マトゥーラ）においてほぼ同時に、仏像の製作が開始されたと伝えられており、このカニシカ王の存在が仏教のあり方を大きく変えたことは事実である。

クシャーン朝は政治的な安定は長続きせず、農耕イラン系でゾロアスター教の国ササン朝ペルシア（二二六年〜六五一年）により滅亡する。以後、当該地域は徐々に衰退するが、その一方で中部インドは比較的安定していた。すでに述べたように、三二〇年にはグプタ朝が開かれ、絢爛たる国粋文化、つまりバラモン教文化が隆盛する。

百花繚乱の大乗仏教――文明融合の果実

大乗仏教思想研究において、中期といえば、多様な信仰形体を理論化して構築したナーガルジュナ（龍樹）が活躍する二世紀〜三世紀から始めることが一般的であるが、それより前の時代からはじめよう。

歴史的に明らかなように、大乗仏教隆盛の地である西北インドは、紀元前二世紀頃から紀元後一世紀頃まで、文明の破壊と混乱の時代であった。しかし政治的に安定すると、シクロード交易による莫大な富が流入し、今度は逆に、諸文明の融合が促進され、新たな融合文明が生み出され、それに連動して大乗仏教が急成長する。

特に、異民族・異文化・文明への親和度の高い大乗仏教には、多様な要素が導入され、その普遍性はいっそう強化された。まさに初期大乗仏教は、西北インドにおいて展開された文明の破壊と創造の結果ということができる。この時代のこの場所で、反バラモン教を掲げたゴータマ・ブッダ以来の批判精神に富んだ仏教が、普遍的な宗教として世界宗教へと飛躍するのである。

先にも検討したよう大乗仏教運動は、紀元前一五〇年頃～紀元後一〇〇年頃の間に盛り上がり、まず隆盛したのはガンダーラやいまのアフガニスタン、中央アジアのオアシス都市であった。その地域には、ギリシア人をはじめ多くの異民族が住んでいた。つまり、インド的な要素の稀薄な、国際的な文化の混在の地域であった。

比較文明学では、このあたりを小アジア地域と並ぶ諸文明融合型文明（第二の文明発祥の地）の発祥地として紹介している。シルクロード貿易によって、インド文明、グレコーマン（古代ギリシア・ローマ文明）、ペルシア文明・メソポタミア文明・エジプト文明の末裔が交差する地域であるという、文明史的な位置を比喩的に表現したものである。

ここには世界中の民族と文化が混在したが、それらを受け入れまとめ上げる宗教が求められた。特に中東交易に携わるインド人商人には、彼らのアイデンティティ構築のために、普遍的な宗教が必要であったし、当該地域を支配する王にとっても、多様な民族、文化、宗教を統合できる思想が求められていた。

そんな要請に応え得るインドの宗教は、理性的で合理主義を重んじ、平等主義、平和主義、そしてそれらを実践する倫理主義を掲げた仏教（特に大乗仏教）が最適であった。仏教が持つ思想的柔軟性（無我、さらには空の思想）と、普遍志向（普遍真理としてのダルマ）という要素も、他民族の多様な文化の平和的統合に適していた。

その結果、世俗主義や聖像崇拝、経典崇拝、さらには多数の如来や菩薩の創出を通じて、相互扶助の救済思想（自利利他円満）を説く、新しい宗派が大きな勢力となった。そして編み出された経典が『法華経』（西暦一世紀〜三世紀初頭）、『阿弥陀経』（西暦一世紀頃）などである。

†脱インドの普遍宗教へ

基本的には仏教も、長い輪廻の期間を通じて修行し、その結果悟りが得られるというインド宗教の基本構造を踏襲する、しかし輪廻思想では、在家信者の救いはおぼつかない。さらに自己の修行の成果だけでは、悟りにいたる保証もない。これまた在家信者の救いは期待できない。こうした点で上座部仏教は、インド的な輪廻思想を持たない異民族から見ると、極めて不可思議かつ閉鎖的な宗教に映る。

まず大乗仏教運動は、伝統主義的な上座部仏教への批判運動として始まったことはすでに述べた。その始まりは『般若経典』である。『般若経典』は、権威化した上座部仏教の中心的存在「説一切有部」という部派（有部または説因部とも略される）への批判として、「空」を主張した。

上座部の僧は、伝統に忠実であるがゆえに変化に乏しく、在家者の仏教的な救いに関心が薄かった。それがゆえに、大乗仏教には伝統仏教とは異なる救いの道が求められた。さらに、他の地域では一般的であった神的（超越的）存在による救いの形態を認めることも希求された。それが新たな如来（阿弥陀如来、大日如来など）や菩薩（観音菩薩など）を創出した。こうして、超越的な存在である如来や菩薩による救いと、同胞同士の相互協力による集団救済型（大乗）の仏教が創出されたと考えられる。

さらに『法華経』や『阿弥陀経』など、聖典そのものを神秘的な力を宿す存在とみなすことや、特定の如来や菩薩の姿を描き崇拝する聖遺物（仏塔）崇拝、それらをシンボル化した聖像（仏像）崇拝が導入された。

仏像の出現は諸説あるが、多くは西暦一世紀末から二世紀初頭とされてきた。ここで、注目される記事が、二〇二一年一二月一五日の新華社通信の報道である。この報道によれば、後漢時代後期のものと見られる金銅仏二体が陝西省の墓地で発見され、それらは、いずれも典型的なガンダーラ美術の特徴を備えており、その年代も「延熹《えんき》元年十一月廿四日」の紀年銘文のある朱書陶罐《しゅしょとうかん》が、同じ墓から見つかったという。延熹は、後漢桓帝期の元号で、延熹元年は一五八年にあたる。これは、中国への仏教の公伝（後漢の明帝一〇年、六七年）から九一年後になる。つまり、ガンダーラで仏像が製作されてからまだ歴史が浅いその時期に、中国の中級官僚か地主レベルの人物が仏教を深く信仰し、中国製であろう青銅の仏像を副葬していたということは、思いのほか早くから、中国で仏像が製作されていた可能性が出てきた。それに伴い、仏像の起源も少し早まるかもしれない。

いずれにしても、東西交易が盛んな時代、それらを担った遊牧民や、交易従事者にとって、地域、民族、文化さらには文明の枠を超えてグローバルに活動する人々には、それらを融合し、新たな文化、文明を形成することに躊躇はなかったであろうし、彼らはそれを欲していたことも事実であろう。この傾向は南インドも同様であった。

多様な信仰を自由に融合することは、当時の西方諸国民や遊牧民の信仰では、普通の形態であった。特に、現在のパキスタン・ペシャワール周辺にあたるガンダーラ地域は、ギリシア・ローマの文明を受け継ぐギリシア人、シャカ族、さらにクシャーン族など多くの異民族が定住する新たな融合社会の震源地であった。それが、インド的仏教文化とは異なる大乗仏教を大いに発展させた原動力と考えられる。

大乗仏教の誕生と初期の隆盛の背景には、インドの国内事情を超えた、いわば国際化された北インド社会の要請があったのである。大乗仏教の初期は、新たな理想に向けて思想的にも、教団的にも変容と飛躍が著しく、仏教内の宗教改革が行われたと考えられる。

†文学作品的な大乗仏教経典

初期大乗経典は、サンスクリット語で書かれていた。反ヴェーダ・反バラモンとして既存の宗教権威を否定した仏教が、逆にその権威の象徴であるサンスクリット語を経典語として、新しい思想や救済観を展開したことは、大乗仏教の経典作家がパーリ語を基本とする従来の関係者ではなかったか、少なくとも彼らに反発していた可能性を示している。

また大乗仏典の内容も、パーリ仏典のような理論的で教誡《きようかい》的な内容というよりも、詩的、文学的であり、壮大な物語のような設定となっている。特に、ブッダの前世を文学的に描いた「ジャータカ」、高度な思想を文学的に描いた『法華経』(西暦一世紀〜三世紀初頭)、『華厳経』(西暦四世紀。ただし、最古の部分は一世紀頃)などは、インドの国民文学『マハーバーラタ』(現在の形は四世紀に成立)や『ラーマーヤナ』(二世紀末頃成立)に引けを取らない文学作品ということも可能である。

もちろん、それは現在の文学のように、一種の娯楽を目的とするという意味ではなくて、深い宗教的な理想を、感性豊かに表現する宗教文学という側面が強いが、同時に民衆に分かりやすく表現することを意図した作品、ということである。これが時代を経て論理化されることになる。

宗教の精神を文学的に表現するといえば、宮沢賢治の作品は仏教思想、特に『法華経』の理想を表そうと試みたと捉えることができる。『銀河鉄道の夜』や『注文の多い料理店』などの宮沢作品は、仏教への篤い信仰を平易な文章によって表しており、まさに現代における新大乗経典と理解できる。

†シルクロード交易が生んだ龍樹とマニ

この大乗仏教は、インド西北部のクシャーン朝の保護や、紀元前三世紀頃から紀元後三世紀初めにインド中央部デカン高原以南を支配したサータバーハナ王朝に支えられて、大きな躍進を遂げた。両王朝は、東西貿易、特にローマと交易で大いに繁栄した。王朝時代には、ローマとの交易で得た黄金をもとに盛んに金貨が発行された。百花繚乱の大乗仏教を思想的に統合した龍樹が活躍したのは、この時代であった。

陸海のシルクロード交易による西北インドから中央アジアの繁栄は、宗教領域でも大きな成果を生み出したと筆者は考えている。それが大乗仏教思想の大成者といわれる龍樹であり、後にユーラシア全土においてキリスト教の思想的なバックボーン形成に大きな影響を与えたマニ教の創始者マニ（二一六年〜二七七年）の出現である。

両者はほぼ同時期に活躍し、その後の人類史に大きな影響を与えた。パルティア王国末期に誕生したマニは、ゾロアスター教と仏教とキリスト教を融合した教説を立て、主に西方地域で隆盛を誇った。マニ教の融合思想は、大乗仏教と共通点が見出せる。それ故に、後代中国や日本では両者の文化は、融合的に受容されたのである。

†シルクロード交易の衰退と大乗仏教の方向転換

もっとも三世紀以降の世界は、ローマ帝国の衰退によりシルクロード交易が減少した。東では後漢（西暦二五年〜二二〇年）が滅亡して三国時代に入る。四〇〇年間シルクロードの要衝を支配したパルティア王国やクシャーン朝末裔たちの交易重視の国家は、農業を中心とする保守的なササン朝ペルシアに取って代わられ、このために世界秩序に大きな変動があった。

ササン朝は、農業や農村を重視する復古政策をとり、シルクロード交易をしばしば妨害した。そのために仏教、とりわけ大乗仏教は、大きく方向転換を迫られた。それまではペルシア帝国の各地に、東西交易に従事する仏教徒が点在しており、大きな仏教コミュニティーがあったとされる。しかしゾロアスター教を国教にさだめるササン朝ペルシアの支配が強まる中、仏教徒は改宗か国外退去を迫られ、その多くが東方へ移住したといわれる。これが仏教の本格的東漸と関係があるのかもしれない。

ササン朝はアルダシール一世の治世下二三〇年頃に、バクトリアまで領土を拡大し、その息子シャープール一世（二四一年～二七二年）の時代にはクシャーン朝の旧領（今日のパキスタンと北西インド）まで拡大した。

バクトリアやソグディアナは、四世紀前半まで、クシャーナ・サーサンがササン朝の一藩王として支配したが、その後継勢力のギダーラ朝を中央アジア系遊牧民族エフタルが滅ぼすと、エフタルが五世紀半ばから六世紀半ばにかけてその地を支配した。

このような混乱は、大乗仏教のみならず、インド仏教全体の展開にも影響を与えた。それは七世紀初頭に中国から全インドを巡礼した唐の玄奘三蔵（西暦六〇二年～六六四年。インドへの出発は六二九年、帰国は六四五年）の『大唐西域記』により知ることができる。玄奘によれば、西北インドの仏教は多くが衰退し、インド国内では、大乗と上座部の差異は小さくなっていた。玄奘より半世紀近く後にインド入りした唐の僧・義浄（六三五年～七一三年。インド出発は六七一年、帰国は六九五年）の頃にいたっては、両者の差はほとんど感じられないほど近くなっていたのである。

仏教をめぐる国際情勢の変化は、インド社会においても無関係ではなかった。保守化、国風化（古典回帰）を促進した。そして、交易に依存していた都市社会は衰退する一方で、農村や保守層が相対的に興隆し、農村などを基盤とするバラモン教やバラモンの文化が盛り上がりをみせる。これが四世紀から六世紀半ばのグプタ朝時代に当たる。

この時代は、大乗仏教の中期である。古代インドの国風文化隆盛の中で、仏教自体もインド国風文化してバラモン教やその文化へ歩み寄り、共生の道を歩まざるを得なくなったのである。

しかも国風化するインド社会で仏教への圧力は、アラビアに新たに起こったイスラムによる西アジアの大変動により再び大きくなる。それが密接に関連した動きが、七世紀頃より明らかとなるインド仏教の密教化であった。

†大乗思想の確立

龍樹より後の大乗仏教の発展は皆、彼の業績のうえになされているといって過言ではない。ここで、龍樹の業績をみてみよう。

多仏崇拝や日輪、来世、経典、聖像崇拝など、非インド仏教の要素をそなえた大乗仏教という新宗教運動を理論化・体系化した龍樹は、後に大乗仏教系宗派の祖として、「八宗の祖」と呼ばれることになる知的巨人である。初期大乗の多様な思想を、「空《くう》」の理論で総括し、新たな仏教思想の展開の基礎を築いた。

「空(シュニャ、śūnya)」の基本的な意味は空虚、欠如。膨れ上がって内部が欠如していること（中空）である。そこから「空性（シュニャーター、śūnyatā）」という思想が形成される。もちろん外殻としての仏教信仰は前提だが、空性とは実体性を欠いていること。この実体性が、根本分裂以降の仏教で保守化、権威化した上座部仏教の理論であり、さらにゴータマ・ブッダが否定したバラモン教のアートマン（常住・不変の存在）でもある。

『般若経典』が、主に「説一切有部」への批判であったことはすでに述べたが、実はそれだけに止まらない。この時代に、シルクロード交易のルートに沿って、西と東に猛烈な勢いで広がっていった仏教の中心は、大乗仏教徒であった。それゆえに、大乗仏教は、他民族や他宗教との共生に価値をおく教えが、主張されたのは必然といえよう。

「空」の理論は、大乗仏教が取り込んだ（取り込もうとした）異民族の価値観や他の宗教理論を大乗仏教化させ、大乗仏教を豊かに成長させるための、戦略的な方針でもあったのである。

仏教がバラモン教を念頭に思想を展開していた時点では、バラモン教のアートマン論を批判することで、仏教の存在意義は論理的に成立していた。しかし、異民族を積極的に取り込むことで成長してきた大乗仏教は、多様な価値観の対立を超越するための思想として、無我の思想を一歩も二歩も進める必要があった。

そこで、あらゆるものの実在を否定しつつ、高次元からこれらを再評価し、仏教の中に取り込むことを可能とする論理、つまり「空」が生み出されたと筆者は考える。「無我」(アートマンの否定)だけなら、バラモン教の価値観を超えるだけで独自性を発揮できたが、インド文明圏外で思想を展開しようとすれば、より普遍的な理論が必要となる。異なる宗教や思想を、大乗仏教の中で融和統合するために、「無我」より高次の論理として、「空」の思想が主張されたと考えることができる。

ちなみに、シュニャーター(空性)という言葉は、虚空をイメージして理解されることもあるが、しかし、虚空では空の思想が持つ積極的な思想や宗教の絶対的な平等観、さらにはそれらを統合化する理論の理解としては不十分である。

シュニャーが持つ「膨れたもの」「中空」というのは確かに空間的な広がりをイメージさせるが、実は、その中空を作り出す外枠がある。この外枠がある、という点が重要である。中空には、外皮(仏が存在する区間)があり、その枠内ですべての存在は等しいということである。

この枠こそが、ブッダの目指した真理空間、意味空間であるということである。ゆえに空の思想は、この世界は、仏の真理の世界である、という暗黙の概念や思想によって被われている分けである。ゆえに外皮(仏の真理の世界)の中での一存在という意味で、異民族とその思想や宗教は、仏の大きな世界の中に含まれる存在であるという前提が、空の思想の暗黙知として存在する。この空の領域を無限に拡大することが仏教の普遍思想化であり、ウパニシャッド以来の神秘主義的な思想の現れでもある。

†空の関係性

あらゆる現象・運動・機能・要素など、人間の認識により知覚され、言葉により表現される対象は、相互関係に依っている。この複雑多様な相互関係に支えられているという縁起を、龍樹は「空性」と表現した。代表作『中論』におけるいわゆる「八不中道《はっぷちゅうどう》」の論理である。

この思想を理解するためには、仏教がバラモン教の思想体系を前提としながら、それを否定的に乗り越えることで独自思想を形成したことを思い出す必要がある。神の存在（有の存在論）を前提とするバラモン教との競合関係の時代。それは『弥蘭陀王問経』の、グレコ・バクトリア王国のメナンドロス王とナーガセーナ長老の哲学問答（紀元前一五〇年頃）から、大乗仏教の『般若経典』群（西暦一世紀頃）の時代にあたる。つまり、大乗仏教の発生前後の時期ということである。

その後、仏教は保守的な上座部仏教と、革新的な大乗仏教に分裂した。

大乗仏教は、バラモン教はもとよりゾロアスター教、ギリシア・ローマの宗教、遊牧民のアミニズムなどが拠り所としている神（あるいは宗教）を根拠として他者を非難する「絶対性」を否定した。つまり、それらが依拠する自己の存在（価値観）を否定することで相対化し、自他の不可分の関係性に気づくことができる。そして新たな価値によって自らを肯定しつつ、高次の世界を構築する。これを「空」という言葉で表現して、積極的に主張したと考えられる。大乗仏教の「空」とは、広義のウパニシャッド思想に根拠を持つ思想であり、また神秘主義哲学の上昇と流出、あるいは浄土真宗などが強調する往相《おうそう》と還相《げんそう》に通じる理論である。

同様に、空の理論は単なるニヒリズム、つまり否定のために否定する虚無的な理論ではなく、むしろ高次の世界を築く「創造のための相対化の理論」ということになる。空の思想をインド思想に拡大すると、破壊の神シヴァ神がただ破壊するのではなく「創造するために破壊し、再生する神」と表現される理屈に通じる。スクラップ・アンド・ビルドを繰り返しつつ高次元に向かうヒンドゥー教の輪廻思想と、仏教の空の理論の連結が、これにより可能となる。

空の思想を形成する思考形態は、神秘主義思想に共通した思想構造を持っており、特に、インド思想に通底するウパニシャッド的な発想に顕著である。つまり日常を形成する常識レベルの対象認識による束縛を超えて（上昇、あるいは往相）、より高く普遍性の強い立場から現実を再認識する（流出、還相）するという思考法である。

この思考法を最も高度に発展させたのがインド思想であり、それは大乗仏教の空の思想にも、ヒンドゥー・イスラム融合思想を展開したシク教の開祖ナーナクにも、あるいはムガル第五代皇帝の皇太子で、ウパニシャッド的な宗教融和の思想を展開したダーラー・シコーにも通底している。

筆者はかつて、恩師中村元博士から、仏教とシク教の研究を課題として出され、またパンジャーブ州のグル・ナーナク開発大学（GNDU）のグル・バチャン・シン先生からも大乗仏教の思想とナーナク思想の比較研究をするようにすすめられたことがあったが、この領域の研究はなかなか一筋縄ではいかない。

†仏教とバラモン教の相互作用

龍樹によって大乗仏教の思想的な枠組みが形成される一方で、大乗仏教を巡る社会的な状況は大きく変化した。その一つが、三世紀以降の西はローマ帝国の混乱、東は後漢の滅亡（二二〇年）、そしてササン朝ペルシアの出現によるシルクロード交易の衰退であり、さらにインド社会の内向化（国粋化）である。

バラモン教を国教とするグプタ朝（三二〇年〜）が成立すると、バラモン教が大いに奨励され隆盛し、古代インド文明の集大成と形容できるほどのバラモン文化爛熟時代を迎える。グプタ朝はいわゆる復古主義を推進したので、仏教も、普遍志向の宗教運動から、むしろインド文化への回帰、バラモン教との積極的な共生へと大きく舵を切らざるを得なくなった。しかし同時に、これ以後、仏教の宗教改革運動は、思想的な熟成とは裏腹に、衰退傾向に向かった。

インド文化の国粋化への回帰傾向は、如来蔵と呼ばれる思想に顕著に見出せる。代表的な大乗仏教経典『法華経』を継承する如来蔵思想は、『涅槃経』(西暦四〇〇年より少し前に成立か)に表されている。あらゆる衆生には仏性があるとする教えであり、その淵源はゴータマ・ブッダの四姓平等、あるいはバラモン教のアートマン論の仏教的再解釈ともいえる。すべての衆生に仏となる可能性(仏性)がある、衆生はその仏性を保持する蔵であるという発想は、「如来蔵は存在論的にはアートマンと区別し難いものであろうが、しかし認識論的・実践的には、それにとらわれないことが、仏教の立場である」(『インド仏教史』下)と平川彰博士がいみじくも表現しているとおり、それまでの仏教思想を総合した一方で、独自性を減少させたのである。

同様な流れは、新仏教運動の瑜伽行派《ゆがぎょうは》においても見出せる。瑜伽行派の思想は、マイトレーヤナータ(弥勒、三五〇年~四三〇年か)や、アサンガ(無著)とヴァスバンドゥ(世親）兄弟らにより確立された。開祖ゴータマ・ブッダの悟りは、ヨーガ瞑想（ラージャヨーガ）の際に得たということで、ヨーガを重視する宗派であった。

ヨーガ瞑想に関する理論的実践的な領域は、おそらく仏教がすぐれていた。バラモン教ヨーガ学派の聖典『ヨーガ・スートラ』は仏教思想を借りて理論形成したといえるが、バラモン教内においても、ヨーガ学派に見られるように、その行法は大きな流れを形成していた。

現代的にいえば国粋主義的な王朝のもと、バラモン教の古典思想や文学などインド文化の集大成が進む中、仏教内でも大乗仏教か部派仏教かを問わず、空の思想やヨーガの思想を軸に、多くの思想が統合、整理されていった。また、理性を重視する仏教では、その理論的な整合性をとるために、論理学が発展した。

†仏教のバラモン教化の背景

本書では、インド仏教の最終段階を密教と呼ぶ。その中にはヴァジュラ・ヤーナ（金剛乗）、タントラ仏教と呼ばれる末期の仏教の形態も含む。

タントラ仏教はバラモン教の性表現を過剰に取り入れた形態であったが、東アジアにおける密教には、その影響はほとんど見られない。「無上瑜伽タントラ」（西暦八世紀後半に確立）とか「時輪タントラ」（西暦一一世紀に確立）はインド仏教最末期の成立と位置づけられるが、本書ではインド仏教がバラモン教化し、教理や儀礼において一体となった状態と理解する。この状態を経て、仏教はバラモン教に吸収され、実質的にバラモン教がインドを代表する宗教となり、ヒンドゥー教となったというのが本書の理解である。

このインド宗教界の大変革に関して、簡単に歴史背景を考察しよう。

インドの国粋主義を標榜し、バラモン教を積極支援したグプタ朝の滅亡（五五〇年頃）は、中央アジアからの遊牧民のエフタルの攻撃にその理由があった。以後のインド亜大陸には、一五二六年のムガル帝国の成立まで、統一的に支配する国家はなかった。政治的には、小国分立の状態であったが、その一方で文化的にはバラモン教と、バラモン教化した仏教と、そして両者の統一体であるヒンドゥー教によりインドの統一性が維持された。政治力ではなく、宗教を通じた文化力によってインドの精神的な一体性を維持するという形は、強力な政治権力を持たずに広大な文明圏を構築したインダス文明と類似性があり面白い。

そして仏教のバラモン教への統合を促進したのが、遊牧民フン族のインド侵入の激化と、それに続くイスラム勢力の西方地域支配およびインド侵攻、七一一年以降の西北インドのイスラム支配である。この事態と、インド仏教の密教化は無縁ではあり得ない。仏教はこれ以降、グプタ朝時代以来選択してきたバラモン教への接近から、さらにバラモン教化をいっそう鮮明にする必要が生じたと思われる。一方バラモン教化の方向をいさぎよしとしなかった仏教徒は、イスラム教への改宗か、まったく別の土地へ移住するかをという選択しかなかった。インドにおける仏教の衰亡については、第七章「仏教衰亡の比較文明学的考察」で改めて考察したい。

†ヒンドゥー教化する仏教

インド周辺のイスラム化は思いのほか急激であった。特に、ササン朝ペルシアがイスラム教勢力にニハーヴァンドで大敗(六四二年)して、ササン朝が滅亡(六五一年)して以降、中央アジアのオアシス都市などへのイスラム軍の侵攻と定着は急速に進んだ。こうした事態は、インド社会に危機意識を抱かせるには十分な状況であり、ついに七一一年、ムスリムによる西北インド征服となった。

ただしイスラムの本格的な支配は、一〇世紀頃までは、中央アジアに集中していた。インドの文化的な中心地であるパンジャーブやガンジス川流域へのイスラム勢力の侵略は、イスラム教化したトルコ系遊牧国家ガズナ朝(九五五年〜一一八七年)による過酷なインド支配までしばしの猶予があった。この時期仏教は、インド東部ベンガル地域において、パーラ王朝（八世紀後半〜一二世紀後半）の庇護下で最後の繁栄期を迎える。しかし、かつてのような宗教的勢いは継続できず衰退した。

進攻してきたイスラム教徒の脅威という、インド社会の危機意識の受け皿となったのはタントラ運動であった。タントラは、先述のとおりバラモン教や仏教に共有された呪術的な宗教形態である。その結果、バラモン教ではシヴァ信仰やヴィシュヌ信仰が勢いを増す。仏教においては倫理的な行の実践より祭式重視のタントラ仏教だった。この傾向は、時代を下るごとに強くりなり、最後の経典「時輪タントラ」は理論的な側面はともかく、その行においては、およそ道徳的なレベルでの禁欲主義の仏教徒とはかけ離れたものとなっていた。

仏教は、民衆信仰としての独立性を弱め、大寺院での学問や儀礼をおこなう宗教へと矮小化した。ムハンマド・バフティヤール・ハルジー率いるイスラム軍によるナーランダー僧院破壊（一一九三年）やヴィクラマシーラ僧院の破壊（一二〇三年）もあって、事実上は滅亡したとみなされるまで衰退した。それ以後の仏教は、ヒマラヤ山麓のチベット仏教やベンガル地域にヒンドゥー教の一部として辛うじて伝えられた。

†密教とはいかなる仏教か――後期大乗の姿

中期大乗が推し進めた理性的な仏教の傾向は、密教（後期大乗）により大きく変化した。特に、理論的な部分を発達させた仏教論理学の展開は、ギリシア論理学と並び称される人類の知的遺産であると評価されているが、これらも最終的には、密教に統合された。

いわゆる密教という仏教の形態は、ゴータマ・ブッダが離脱を目指したバラモン教への回帰、いわば先祖帰りの側面が強い。日本仏教の視点からいえば、密教が最も発展した仏教の形態という理解には躊躇を感じさせる部分もある。しかし密教は、それまでの仏教を総合した思想が基礎となっており、その宗教的展開の背景や思想を知れば、その意図するところが、理解可能となる。

密教という新たな仏教形態も、大乗仏教の場合と同じように、新たな崇拝対象を設定している。釈尊（ゴータマ・ブッダ）の説法ではなく、大日如来が直接その悟りの世界を論じるという形態（「自内証の法門」と呼ぶ）を、密教はとっている。そして大日如来が説いたものが『大毘盧遮那成仏神変加持経《だいびるしゃなじょうぶつじんべんかじきょう》（大日経）』である。

密教のこの宗教構造は、大日如来を「神」に置き換えると、西方宗教が強調する預言（神が救いを直接開示するという構造）となる。ここにいたると修行による成果としての悟り（救い）よりも、大日如来の救い（加護）が強調される。

これ以前以後の仏教を顕教と密教に区別する密教側の主張の根拠もここにある。

†雑密と純密

一般に密教は、雑密と純密を区別して理解する。雑密と呼ばれるものの原型は、ブッダの時代から明呪《みょうじゅ》として認められ、仏教に取り入れられたものである。バラモン教、というよりインド文明には言葉の神秘性を認める独特の文化があり、たとえば蛇よけなど護呪（パリッタ）と呼ばれる呪文は許されていた。

いかに合理的、理性的な仏教といえども、インドの文化から完全に離れていたわけでないし、またその必要もなかった。それはインドの宗教に通底する知的な伝統であったからである。つまり、言葉に象徴的意味を託すという伝統である。もちろん真言や陀羅尼という伝統は、原始仏教聖典にも存在するし、大乗仏教にも多用されている。たとえば、『般若心経』の真言（「羯諦 羯諦 波羅 羯諦 波羅僧 羯諦 菩提薩婆訶」）は有名である。しかし、大乗仏教における真言や陀羅尼あるいは象徴儀礼は、あくまでも修行の補助的存在である。これが雑密の段階である。

純密と言われる本格的な密教となると、真言や各種の象徴的な儀礼が、従来の修行の実践以上に重視される。純密の成立は『大日経』の出現（西暦六五〇年頃）を待って始まる。『大日経』では、各種の真言と共にムドラー（印契あるいは印相）と呼ばれる手や指がつくる形に象徴的な意味を込めて、それを操作することで悟りを得られる、あるいは悟りと一体化できるという教えが中心となる。この根拠が、「自内証の法門」である。ブッダの悟りの本質を象徴化した真言とムドラーによって、大日如来自らが直接悟りの世界を明かしたとする。

確かに密教では、瞑想（ヨーガ：瑜伽）を通じた神秘体験が不可欠で、ある意味では大乗仏教の基礎のうえに成立した仏教である。しかし悟りの本質にいたる過程は、大乗仏教と密教ではだいぶ異なる。

従来の仏教が戒律に即した知的・心的・身体的な修行を重視するのに対して、密教はバラモン教的な象徴操作主義にならい、修行過程を観念的に置き換え儀礼化することで、瞬時にして終了できる。けれど、密教では儀礼そのものに大きな意味を認めつつも、その儀礼は仏教的修行を極めた者のみが行うことができるという限定をかける。これにより仏教の修行主義が担保される。

一方世襲制が基本のバラモン教は、個人の修行ではなく、父子承継の宗教で、儀礼そのものに意味があるとして、たとえ修行しなくても、その形式さえ間違わなければ、効果は形式において保証されたのだった。これが性の表現とその実践を通じて可能となるというような、いわゆる左道密教へと展開することにもなる。ちなみに日本では、この流れは真言立川流などの一部に継承されたが普及しなかった。

現在でもヒンドゥー教の宗教空間において、ごく普通に見られる性器崇拝などの文化は、男性名詞と女性名詞という区別を持つインドの言語の特徴を受け生じている。いわば言語形態からくる一種の象徴的な表現であるといえる。つまり、現実世界を表現し理解する時に、男性（名詞）と女性（名詞）で区別するということが、すなわちこの世界は男性と女性の合体により構成されているということを象徴しているわけだ。

もちろん、女性男性の区別を持つ言語がすべて、このような表現形態になるわけではないが、原初的な宗教領域を残す地域には、ごく自然に生殖器や生殖行為が宗教儀礼の中で重要な意味を持つことは少なくない。その典型がヒンドゥー教であり、日本の神道である。

†悟りと儀礼の一体化

いずれにしろ、密教は儀礼構造、象徴操作の体系を重んじるタントリズムの傾向が強い仏教である。それまでの仏教の構造を、抽象化して、瞑想と儀礼により再構築し、それらと修行者とが一体化（ヨーガ）することと、悟り体験を再解釈し、儀礼によりその境地を瞬時に獲得できると教える。この密教の構造は、よりバラモン教的な儀礼体系に依拠するという意味で、従来の仏教的悟り構造のバラモン教的解釈ということになる。

仏教のバラモン教化は、インド社会における仏教のおかれた位置を考えれば当然の帰結であった。なぜなら仏教もインド社会の一部だからである。これは仏教が伝播した他の地域と大きく異なる点である。

しかし重要なことは、バラモン教化といえども従来の仏教の基本を放棄したということではなく、新たな仏教の道を社会的要求に従って創造したということである。ゆえに密教においても行者は、従来の戒律を守り、厳しい修行を積み、その最終形態において密教の修法（儀礼体系）という新しい教えを実践できるとするのである。

密教が主流の現代のチベット僧は、厳しい修行を積み、戒律重視の部派仏教を基礎に、智慧と信心を重視する大乗仏教の生活を実践しつつ、密教的エロチックな象徴（シャクティ）と向かい合い、それらを操作する修行を行っている。

密教は、教理体系の複雑さを補う目的もあり、曼荼羅や法具などを用い、観念世界の具象化に力を入れ、ビジュアルな領域での仏教精神の表現を発達させた。部外者には理解が難しい点があるが、資格者のみ理解できる閉鎖構造であるが、修行を積めば誰にでも開かれているという構造が秘密仏教と呼ばれるゆえんであろう。バラモン教も同様に閉鎖構造であるが、そのうえさらに、バラモン教は血統により閉じられている。

†北へ東へと広がる密教

初期の密教は、インドからスリランカ、東南アジアや中国、日本まで広く伝播し、大きな流行となった。特に、現在は上座部系仏教の聖地ともいえるスリランカやタイ、あるいは現在はイスラム化したインドネシアでも、初期の密教は大いに隆盛した。バリ島のボルブドゥールやカンボジアのアンコールワット遺跡が、東南アジアの密教を物語っている。

また東アジアでは、唐での密教開教にかかわったインド人僧侶シュバカラシンハ（善無畏、六三七年〜七三五年）や、密教の中国定着に尽力したバジュラボディ（金剛智、六六九年〜七四一年）、金剛智の弟子として中国にやってきて生涯に数度南インドに赴き経典を翻訳したアモーガヴァジュラ（不空、七〇五年〜七七四年）らにより、密教は中国にもたらされた。

中国では、初期伝道の頃に仏教弾圧（いわゆる三武一宗の法難の流れ）があり、初期の密教は定着しなかったが、不空の弟子の恵果（七四六年〜八〇五年）のもとで正式な密教を学び、日本に伝えたのが空海（七七四年〜八三五年）であった。少し後には天台僧の円仁（七九四年〜八六四年）や、円珍（八一四年〜八九一年）らも、唐で密教を学んだ。天台宗系の密教を台密、真言宗系を東密ということがあるが、台密も東密も本来同じ密教である。

伝播のしかたや強調することの違いはあるが、日本的な視点から区別されているだけである。今日では指摘されないが、日本仏教の根本にこの密教がある。

インド密教の形態は、一一世紀にはバラモン教との差異性がほとんど消失しており、一三世紀以降、宗教的な独立性を失ったが、チベット仏教が密教を含めて、総合的にその法統を受け継いだ。それが中央アジアの遊牧民への伝道を通じて、モンゴル人や満州人へと広がり、モンゴル人の王朝・元や満州族の王朝・清は、チベット仏教を国教とした。

しかしインドの大地において、歴史的には仏教の最終形態であるが宗教的にはバラモン教への回帰形態であった密教は、その魅力を失っていた。そのためイスラムの襲撃などでひとたび打撃を受けると、仏教施設の復興などがなされることなく、消滅していったと考えられる。

一方ヒンドゥー教の立場からすれば、仏教のすべてを否定したわけではなく、インドの民族宗教としてバラモン教に吸収され、その中で細々とであるが生き続けてきたということになる。それが、ヒンドゥー教のヴィシュヌ神の一化身としてのブッダの位置づけになる。仏教の文化が、現在のヒンドゥー教文化の形成に貢献をしたことまで否定できない。

†インド仏教の復興

ヒンドゥー教の一部として、いわば一つの民俗信仰のようにひっそりと生きていた仏教が、独自の宗教という自覚を持って復活するのは、はるか後の一九世紀においてである。皮肉にも、西洋インパクトによって、インド仏教は目覚めさせられた。

西洋の近代的な宗教観では、宗教には独自の教祖、教理、教団（信徒組織）、儀礼の存在が不可欠である。独立した宗教であるとみなされるためには、社会組織としての独立性を維持していなければならない。

仏教のような創唱宗教は教祖の存在があって初めて宗教活動が生まれるため、教祖と教団の存在は、特に重要である。教団組織を喪失すれば、宗教としての存続は認められないということだ。一九世紀の復興運動までの仏教は、その意味でインドには存在しなかったということになる。人類史の規模で見れば、継承に失敗して衰亡したり、他宗教に併呑された宗教は多数存在する。その意味で、インド仏教も失敗例の一つ、つまり滅んでいたことになる。

しかし西洋文明の影響により、仏教を独立した宗教として意識する動きが仏教徒のなかに生まれる。この動きは東ベンガル（現在のバングラデシュ）から始まった。

バングラデシュ国境近く、現在のミャンマーのラカイン州にあたるアラカン地方の宗教指導者サーラメーダ長老（一八〇一年〜一八八二年）が、チッタゴン（現バングラデシュ南東部）において仏教教団の改革に乗り出したのは一八五六年のことだった。インド仏教の復興は、イギリス統治下のチッタゴンを治めるチャクマ族の王妃カーリンディーの支援を受けた改革運動を嚆矢《こうし》とする。この運動を発展させる形で一八九二年には、クリパサラン長老（一八六五年〜一九二六年）が、現在のコルコタにベンガル仏教協会を設立した。

一方英領セイロン（現スリランカ）では、オランダ人やイギリス人の政治的支配とキリスト教優遇策が続いていたが、仏教の劣勢を挽回する運動として、仏教僧とキリスト教牧師との公開対論会が行われ、仏教側が優勢のうちに終わった。この討論会を機に自信を回復した仏教徒は、復興運動へと進んでいった。一八七三年に行われたパーナドゥラ論争では、仏教側代表のモホッティワテ・グーナーナンダ長老（一八二三年〜一八九〇年）が、キリスト教の牧師を相手に熱弁し、キリスト教側を完全に論破したと、仏教側では受け取られている。

その評価の是非は別として、この時グーナーナンダ長老の明快な論旨とジェントリーな態度に感動した神智学協会の初代会長ヘンリー・S・オルコット大佐（一八三二年〜一九〇七年。米南北戦争で名を馳せ、当時世界的に有名であった）は、同じく神智学協会の創設者のひとりヘレナ・P・ブラヴァツキー（一八三一年〜一八九一年、通称マダム・ブラヴァツキー）と共にセイロンに入り、仏教復興運動に尽力した。

彼らの仏教復興運動は、プロテスタント的な仏教解釈運動といわれているが、その活動がインド仏教にとって大きな刺激となった。オルコット大佐は日本にもやってきてインド仏教復興への支援を要請しているが、当時の日本は、明治維新以後の廃仏毀釈の風潮もあり大きな成果は得られなかった。しかし現代の日本では、日蓮宗妙法寺派の藤井日達によってなされた仏教復興運動や、各種仏教教団によるインド仏教支援は行われている。

仏教僧と牧師の論争を傍聴し、感動したスリランカ人もいた。セイロンの裕福な商家の長男であったアナガーリカ・ダルマパーラ（一八六四年〜一九三三年）は、英語寄宿学校などキリスト教の強い影響下で教育をうけたが、彼が目にするキリスト教徒の行動に違和感があった。オルコットやブラヴァツキーらの活動に刺激されたダルマパーラは、神智協会に入会すると、仏教の再興とブッダガヤなど荒廃した聖地の復興を目指して、一八九一年、コロンボ（当時のセイロン首都）に大菩薩会を設立する。一八九二年には本部をインドのコルカタに移し、仏教の史跡保護と近代化に貢献した。

これらの改革運動は、西洋のプロテスタント的な観点からインド仏教の独自性を強烈に意識することで、仏教本来の形を再興するという発想から生まれたものであり、仏教の近代文明化の結果生まれた運動ということができる。理性的で、論理的な思考を基礎に持つ仏教は近代科学との相性がよく、その意味でも欧米において、その瞑想法と共に急速に拡大している。

†アンベードカルの新仏教運動

インド仏教の復活という点では、仏教徒側からの復興運動だけでなく、仏教思想の独自性に共感し、新たな仏教の再興運動を起こしたビームラーオ・アンベードカル博士（一八九一年～一九五六年）は最も注目すべき存在である。彼は、インド共和国憲法の草案作成者として有名であるが、彼の活動は、旧来の仏教復興とは一線を画す「新仏教運動」と理解されている。

彼は弁護士として、また国会議員としてインド社会の平等化のために貢献した偉人であるが、華やかな経歴とは裏腹に、ヒンドゥー社会ではマハール・カーストに属する抑圧された階級の出身であった。ヒンドゥー社会では、宗教的な救済も、また社会的な基本的人権も持ちえないアウトカーストの中でも、マハール・カーストは最下級とみなされる身分の一つである。彼らは、西インドにあるマハラーシュトラ州に、四〇〇万人ほど住み、主に道路清掃や死体処理などをさせられていた階級であるが、このような階級の人々は、インドの総人口の二〜三割もいると推計されている。この被差別階級出身の偉人アンベードカルが仏教を選び改宗したことで、社会的にも政治的にもインドに仏教の存在を知らしめたのであった。

この背景には、彼の欧米留学体験があった。ニューヨークのコロンビア大学やロンドン・スクール・オブ・エコノミクスで学んだ近代文明社会の平等意識があった。彼は「人間を現実社会で幸せにしない宗教は真の宗教ではない」と、しばしば述べた。これはカースト差別への挑戦である。現行のインド憲法にカースト制度の否定が盛り込まれているのは、アンベードカルの強い信念が結実したものとされる。ただ、アンベードカルの仏教理解は、極めてプロテスタント的であるといわれるが、平等と平和主義は、ゴータマ・ブッダの教えの根本であり、一概に彼の独創的理解ともいえないものである。

しかし、実際のヒンドゥー教下においては、カースト制度は解消することは困難であるために、彼は「ヒンドゥー教を捨て、平等を説く仏教へ改宗する」と宣言した。彼の改宗式は、一九五六年ブッダの生誕二五〇〇年を祝う年に、マハラシュトイラ州のナグプールにおいて五〇万にも及ぶ不可触民の参加を得て挙行された。

残念ながら、アンベードカルは仏教へ改宗した直後亡くなり、新仏教徒たちは困難に直面したが、実質的に新仏教運動を引継ぎ、それを救ったのが日本人僧・佐々井秀嶺師（アーリヤ・ナーガールジュナ、一九三五年〜）であった。

佐々井は風前の灯火であった新仏教運動をまとめ上げ、一説には数千万ともいわれる支援者を要する教団に発展させている。しかも新仏教運動において、仏教を悟りへの道というような宗教領域の救済宗教ではなく、ヒンドゥー教下の差別に苦しむ人々を現実社会において救済するための実践倫理の教えと理解し、そのための思想的基礎を方向付けた。つまり、仏教の平等思想を現実社会の中に実現することこそ、ブッダの教えである、という発想である。

第四章　シク教の理想と挫折

†シク・ディアスポラ

シク教の語源は、唯一の神の弟子（sikh。サンスクリットの śiṣya：教えられるべきもの、弟子という意味）であり、宗教学的にはヒンドゥー教とイスラム教の融和を目指して一五世紀末に西北インドに生まれた、最も新しく、また小さな世界宗教の一つであると一般に理解されている。

その信徒数約二三〇〇万人のうちのおよそ二〇〇〇万人がインド共和国におり、さらにその一七〇〇万人は、パンジャーブ州に居住している。インド・パキスタン分離独立後、パキスタン領内に住んでいたシク教徒の中には、事実上のヒンドゥー教国に回帰した新生インド共和国への帰属を拒否して、イギリスの旧植民地を中心に世界各国に移住した人たちもいる。これがいわゆるシク・ディアスポラである。

イギリスによる嫌がらせとも、悪意ある置き土産ともいわれる印パ分離独立は、とりわけその当時パンジャーブを少数派ながら実質的に支配していたシク教徒に、非常に過酷な現実をもたらしたが、皮肉にも、シク教の世界宗教への道を促進した。

シク教徒は、その旺盛な活動力と、ターバンを巻き長い髭を蓄えるという独特の出で立ちで、世界的にも注目される存在となった。日本にも縁があり、明治末頃から神戸や横浜には、貿易商としてシク教徒の家族が住み着いている。

最も新しい世界宗教を自称するシク教の歴史は、イスラム教とヒンドゥー教との宗教的、社会的共存の可能性を追求し続け、結果的にその理想に裏切られ続けた歴史でもあった。

このシク教を知るために、その教祖であるナーナク(一四六九年〜一五三九年)の生涯を、まず紹介する。

†創始者ナーナクの思想背景

シク教の開祖ナーナクは一四六九年、パンジャーブ地方の中心都市ラホール近郊のタルワンディー村で生まれた。

パンジャーブ地方は、現在のインドとパキスタンにまたがる広大な地域で、インダス川の五つの支流が流れている（五河地方）。古来豊かな穀倉地帯であり、その中心であるラホールは、東部のベナレス（ヴァナラシ）と並ぶ古い歴史を誇ると同時に、インド亜大陸とユーラシア大陸を結ぶ要衝の地であり、古来より幾多の民族、文化、文明との対決と融和の舞台となってきた。インドにおいてヒンドゥー教とイスラム教が最も激しく対立したがゆえに融合運動も盛んであったのだ。

中央アジアから侵入したアーリア人に始まり、ペルシアやギリシアの古代文明、サカ族やエフタルというような遊牧系民族、そしてトルコ系ムスリムらのインド侵入と定着の歴史が繰り返されたパンジャーブは、インド的なるものと外来のものとが出会う玄関口。そのためカイバル峠やボラン峠を越えて侵入する中央アジアの侵略者に幾度も壊滅的な被害を被ってきたが、ここは諸文明融合型文明の発祥地であり、世界宗教として大乗仏教が成長したことはすでに述べたとおりである。異質なる文化・文明の伝播定着による新たな文明の揺籃の地であった。

パンジャーブ地方の地理的・歴史的な背景は、この地に生をうけたナーナクの平和思想と、彼の思想に共感し、宗教の融和共存の実現を目指して邁進した「シク教」という小さな教団の歴史に、少なからず重なるものがある。

ナーナクが生きた時代は、アショーカ王以来約一八〇〇年ぶりに全インドを安定的に統治したムガル帝国の成立期にあたる。ムガル建国（一五二六年）までの戦乱の中で、ナーナクは暮らしていた。イスラム教がヒンドゥー教を、宗教的にも政治的にも抑圧し、両者の間で緊張と対立が繰り広げられていた時代である。

ムガル帝国の初代皇帝バーブル（一四八三年〜一五三〇年）は、パンジャーブを幾度も侵略、蹂躙し、ナーナクもムガル帝国軍から、直接被害を受けたとされる。ナーナクは、ヒンドゥー教とイスラム教の緊張関係の中で、両者の宗教対立の解消を目指して立ち上がった宗教改革者であり、社会改革者であった。

†ナーナクの人生と思想

ナーナクの父親は、徴税官を務める村役人であり、商業を営む階級だった。それゆえにナーナクは支配者であるムスリムとの交渉のために、ペルシア語、アラビア語を幼少時より習得した。同時に、母親が信仰心の篤い人物であったことから、インド人エリートの教養としてのヴェーダの基礎的教養を身につけていた。この点が後にナーナクの思想形成に大きな役割を担うこととなる。

三〇歳頃に、ナーナクは強烈な神秘体験する。以後一五年におよぶ諸国巡礼の旅に出た。このナーナクの出家の経緯はかなり詳細に伝わっており、他の創唱宗教の開祖の生涯や宗教の創設を検討するときの比較対象として、極めて有効性が高い。特に仏教の創始者ゴータマ・ブッダの思想研究に役に立てられる。

ナーナクは、その旅でほぼインド全土の聖地をはじめ、遠くアラビア半島のメッカ、メディナへの巡礼（ハッジ）を行い、さらに現在のイラクからイランを経て故郷に帰るという長大な巡礼行を実践している。

この点がナーナクの特長である。たとえばインド全土の巡礼はヒンドゥー教系の聖者に見られる修行の一つであるが、ナーナクは巡礼の間に、ヒンドゥー教徒だけでなく、仏教徒、ジャイナ教徒、ヨーガ行者、ムスリム、スーフィー（イスラム神秘主義者）など、多くの他宗教信者と交流した。ムスリムにとっては宗教的な義務であるメッカもハッジした。もっとも、スーフィーは諸国遍歴を常としていて、彼らは世界中どこでも布教のために放浪する。それはイスラム教が商人の宗教であり、世界中を移動することが『コーラン』でも奨励されているからである。

いずれにしてもナーナクは、多くの宗教指導者や神秘主義者たちとの対話を通じて、自らの思想を深化させた。その時の対話の多くは、聖典『グラント・サーヒブ』(Guru Granth

Sāhibu. 略称ＧＧＳ）に記載されている。以下、この聖典を主たる出典として、その思想を俯瞰しよう。

ナーナクの言葉によれば「この世に、ヒンドゥー教もイスラム教も区別はない。あるのは、唯一の神（ヴァイグル、vaiguru）の教えのみ」である。神の名称や教理の相違によって引き起こされている紛争は、実に無意味で根拠のないものであるということになる。

自らの神秘体験と多くの宗教者との対話の旅を通じて形成した独自の宗教思想を、彼は「神は唯一にして、真理を御名とされる」と表現する。さらに続けて、「真理こそ、神であり、真理以外に神はない」として、いわゆる神とは真理、普遍的な存在であると主張する。それゆえに、ナーナクのいう「唯一の神」とは、「一、二、三」というような一般的な数詞の「一」、つまり世俗レベルの数詞の「一」ではなく、世界に遍在するゆえに「一」とも「無限」とも表現される超越的なものである。「一切合切」の「一」であり、仏教的にいえば、「唯一法」ということである。この点がセム的宗教の一神観と異なる。

またナーナクは、ヒンドゥー教徒が、あるいはムスリムが、または両者が、それぞれの優位を主張していることは世俗諦のレベル、つまり迷いのレベルに執着しているからであると主張する。ゆえにイスラム教でいう唯一絶対の一神も、ヒンドゥー教でいう神（ブラフマン神や、その分身であるシヴァ神、ヴィシュヌ神も含めて）も、実は皆、世俗諦レベル、迷いレベルであるがゆえに、究極的な真理の世界においては、両者の争いは意味をなさないと教える。この教えは仏教の空の思想を想起させる。

そのうえでナーナクは、すべての迷いを超えた唯一の神への帰依を主導するのである。しかしナーナク思想は、このような神学レベルの抽象論に止まらない。最大の特徴は、彼の到達した思想を、日常生活のレベルにまで落とし込んで具体化したという点にあった。

シク教の日常生活重視は、従来のインド思想にはほとんど見られなかった視点である。例外的に仏教のサンガ（出家修行僧の集団）や、大乗仏教において見出せるが、サンガは僧院に限定されていたし、また大乗仏教の思想や心理はインド世界でしか、実際には定着していなかった。もちろん、ナーナクの生きたパンジャーブ地域が大乗仏教の隆盛した地と重なる点は、無視しえないことだろう。

†倫理的生活の強調

次にナーナクの宗教融和思想の全体像と倫理について検討しよう。現在のシク教徒の生活倫理の基礎をなすものでもある。シク教徒の特徴は、観念レベルの議論に終始することなく、その高い理想を日常倫理のレベルにおいて実践しているという点である。

ナーナクが説いた倫理的生活、つまり「よく生きる、価値ある生き方」ということはいかなるものであろうか?

ナーナクには、小さいながらも生活共同体(シク・サンガト)をつくり、その中で宗教的な自らの理想を具体的に実践したという点で、ゴータマ・ブッダに通じる実践倫理思想があった。さらに出家修行者集団だけではなく、ごく普通の信者集団も実践するという意味で、仏教に比べて社会性がある。

ナーナクによれば、人間の心は、自己中心的で狭く、かつ限定された「利己的自我」によっておおわれており、この利己的自我を制御することで、真の自己を理解する、あるいは真の自己を獲得することができる。これがナーナクの目指した「救い」である。この救いは、神の意志の発見であり、神の意志の実現になる。

『グラント・サーヒブ』は、神がナーナクに語りかけるという体裁をとる。

神の意志によって身体は、創られた。神の意志は語ることはできない。
神の意志によって人間たちは創られ、神の意志によって偉大さは獲得される。
神の意志によって人間は気高くもまた卑しくも創られ、神の書かれた〈意思〉で、幸福は、獲得される。
この世のすべては神の内である。

ナーナクよ、もし神の意志を理解できたら、その時は誰も利己的な自我を持つものはない。

神の意志により〈すべてのものは〉彼の道を歩む。

《よい》行いによって（救いのしるしとしての）法衣や神の救いの扉は獲得される。

†ヒンドゥーとイスラム、両方の言葉を用いる

『グラント・サーヒブ』で、ナーナクがいう「《よい》行い」とは何か。それは、シク教の倫理における「善なるもの」である。「善なるもの」についてナーナクは、自己を知ることによりエゴを克服することだと述べた。その方法は、フカム（神の意志）を知ることであるという。『グラント・サーヒブ』で、ナーナクが用いたフカムという言葉は、イスラム教の用語である。その原意は、神の命令ゆえに普遍的で絶対的な真理である。

また同時に、ナーナクは、インドの伝統的用語としてのサチュウ（真理）という言葉を用いて、フカム同様に神の真理、あるいはその教えを表現している。仏教の思想を知る日本人にとって、サチュウはブッダが説いた真理の教え（四諦）を実践すること（八正道）により、誰でも悟り（救いの状態）にいたる、四諦八正道に共通する点を見出せ、決して難しくはない。

『グラント・サーヒブ』は、その冒頭に「(神は)真理を御名とし」とあり、真理を作り出す、あるいは真理そのものである神の存在を、ナーナクが意識していることを推測させる。その神は、「真理は至高であり、真理は原初である。真理は、ナーナクよ! いまなお真理であり、これからも真理である」と続いている。

ナーナクは、ヒンドゥー教とイスラム教の両者から、ナーナク独自の発想でキーワードを選び、独自の思想を展開した。そしてこの思想を単なる抽象論に終わらせるのではなく、実践倫理へとつなげたのである。ナーナクが創始したシク教団の基本理念は、現世における倫理的な行為の実践であり、そこにこそ救いの道があるということでなる。この辺りも四諦八正道と同様の仏教との共通性を感じることができる。

ナーナクの倫理的生活とは、まず自らの生活を自ら維持することがシク教徒のなすべき道であり、神の意志でもあるという立場である。『グラント・サーヒブ』では、「自ら蒔いて、自ら食べる」として、次のように表現される。

「塩を伴わない知的歓びは、味がない。ナーナクよ。もし神がなされるならば、その時は意のままである。神の名がなければ、祝福はない」。塩とは神の名であり、慈悲をさす。味がないとは価値がないということをいう。どういうことかといえば、塩気のない料理が美味しくないように、神の意志は、単なる知識によって得られたものだけでは意味をなさない。神への感謝を持ちつつ行動に移すことがシク教における生活の基本、つまりシク教徒の倫理観であり、実践規定であるということである。ここには、インド宗教思想を貫く修道思想というべき発想と、イスラムにおける日常世界の聖化ともいうべき発想の、異なった宗教伝統の統一が見られる。

†共同体に生きる倫理

ナーナクが説いた唯一なる神は、イスラム教やキリスト教のような排他的な一神ではなかった。その神への帰依を強調することで、宗教的差異を超える一体性を目指す。そのことで日常倫理レベルの差異を超えることを訴えた。

シク教は他者への奉仕や協力を重視する。ナーナクによる、その究極の言葉が「真理は尊い、しかし、真理に根ざした行いはさらに尊い」あるいは「心の純粋なグルの真の弟子の奉仕(セーヴァ)は、神に受け入れられる」である。このことで、修道的な宗教にありがちな他者への無関心を戒め、他者への奉仕こそ修行であると教える。

シク教徒においては、個々人の行為の発現の場としての共同体の存在が重要となる。つまり、シク教の倫理は実質的には集団の倫理ということである。ナーナクの後継者でシク教団第五代のグル・アルジュン(一五六三年〜一六〇六年)は、この点について「真理の集団《シク教団》おいては、人間の心は清らかとなり、死の連鎖から切り離される」と表現した。

さらにグル・アルジュンはこの共同体がなぜそのような力を持ち得るのかについて、サンガト（シク教団の地域共同体）の構成員は、神を宿すものとして、互いに尊い存在であるがゆえに、彼への奉仕は神に奉仕するのと同じとみなされ、尊いのである。

唯一なる神は、真の友達であり、母であり、父である。
我が魂と肉体をお与えくださった唯一なる神である。
唯一なる神は家にあって、他になく、彼自身あらゆる処に遍在する。

右の引用が示すように、シク教の教えでは、神はすべてに遍在すると考えるのである。あらゆるものに神は宿るために、信者は常に神を意識して、その生活を送ることになる。しかも現実世界が神の宿であり、その神の宿に、シク教団（サンガト）があるとするのがシクの特徴である。つまり、サンガトにおける日常生活の実践こそ、シク教徒の救いであるという教えとなる。この点を第五代のグルは、「神への献身的な奉仕（セーヴァ）により、生と死への恐怖は消える。人間はグルのサンガトにおいて清浄となり、神が彼らを育む」と表現し、シク教においては共同体における日常生活が、いわゆる救済の道だと説く。

この教えはイスラム的な聖俗一元とは似て非なる面をもつ。つまり、イスラム教も生活の中で日常行為と宗教行為を行うが祈りや清めなど宗教行為は聖別しているのに対して、シク教は神の遍在性という視点から、農作業や商業行為そのものが救済の行為であるとみなすのである。この点は大乗仏教の世俗主義に通じ、さらに中国の禅宗の教えや、日本の鈴木正三（一五七九年〜一六五五年）の「世法即仏法、仏法即世法」という思想または近代西洋の基礎となっているルターの聖職思想と同様の、世俗主義思想である。

現実世界を修行の場、救いの場とするナーナクにとって、ヒンドゥー教とイスラム教の宗教対立以上に克服しなければならないものが、ヒンドゥー教の不平等なカースト制度であった。もちろんこれはナーナクに限ったことではない。インドの宗教史はカースト制度を巡り展開してきたといっても過言ではないが、ヒンドゥー教独自の差別思想は、インド人ムスリムにおいても、形は違えど踏襲されていた。

シク教は宗教差別を否定し、神の意思によって生まれた人間の平等、つまり宗教や出生における社会的な差別の否定はもちろん、性別やカーストなどの一切の差別を否定したのである。この平等思想にこそ、ナーナクの宗教融合および宗教紛争を超越する思想的根幹がある。

†ナーナクのカースト批判

日常生活は宗教的理想を実現する場である。ゆえに世俗世界こそ救いの場、修行の場であると教えるシク教では、インドにおいては、進取の気性と勤勉さで知られている。現在でこそ経済発展が進み、シク教徒の旺勢な経済活動は、社会的に目立たなくなっているが、一九九〇年代までシク教徒の海外における活躍は、その人口に比して顕著であった。それはシク教がカーストを否定していることと無関係ではない。

なぜなら既述のように、ヒンドゥー教は、浄穢に基づく階級差別構造、いわゆるカースト・ヴァルナ制に守られ、各地域に根差した呪術性と保守性とがセットになった宗教であるために、社会変革や他地域への移動は忌避されるからである。

それだからこそカーストへの挑戦は、非ヒンドゥー系宗教の存立基盤でもある。仏教やシク教などインド生まれの信仰から、イスラム教やキリスト教など外来の信仰まで、ヒンドゥー教と相対した宗教は戦略として、あるいは真に人道的見地からカーストを否定してきた。仏教はそれゆえに、インド世界から事実上駆逐された。

低いカーストの人の生活の過酷さは周知のことであるが、シク教はこれに激しく反対した。ナーナクは、「カーストの力とは何か？《カーストは》毒を手にするようなもの、食べれば死ぬ」と、毒にたとえて批判している。低位のカースト階級出身者が多かったシク教徒にとって、その制度は忌まわしい存在であった。

「誰でも、四つのカーストがあるという。しかしすべては神がおつくりになったもの。(中略)誰でも、五つの要素で体はできていて、増減はない」、「あなたは内なる光にしたがいなさい。価値のないカーストに従ってはならない」とナーナクは述べた。このようなナーナクの教えが、シク教徒の合理主義的プラグマティズムの精神を育てたということは想像に難くない。

差別に苦しんできた多くのインド人たちはカーストを捨てる、つまりヒンドゥー教を捨てて、シク教に改宗することで、新しい宗教世界を獲得し、新しい世俗倫理に生きることを願い、それを獲得したのである。

†ムガル帝国の横暴とシク教の倫理

インド思想に通底する倫理思想を展開しつつ、ヒンドゥー・ダルマの中心ともいえるカーストを否定したナーナクであるが、彼はさらに特徴的な倫理観を展開した。その淵源は、創始者ナーナクがムガル帝国建国の時代に生きていたことに関係がある。次に、この点を紹介しよう。

アフガン系イスラム王朝ローディー朝は一五三六年、ムガル帝国の侵攻によって倒された。中央アジアからインドに侵攻し、ムガル帝国を建てた初代皇帝バーブルは、中央アジアのフェルガナ（現在のウズベキスタン東部）の王子として生まれた。しかし、幼くして父も領土も失い、その前半生は苦難に満ちていた。

故郷を追われたバーブルは、カーブル（現在のアフガニスタン東部）に新天地を求めて南下した。その後六度にわたって、カーブルからインド北部への侵出と略奪を繰り返す。その遠征軍が一五二六年二月、シク教の宗教的共同体があるカルタルプル付近を急襲した。

この時バーブル自身が記した『バーブル・ナーマ』には、ヒマラヤ山麓の村々を征服しながら進み、インド北部デリーから南下して、現在のウッタルプラデシュ州アグラへと南下したことが記録さている。ナーナクは、ムガル軍を犬とか死神とかと呼んだが、その来襲を自分たちへの神の罰と受け取った。

ホラサーンの支配者（バーブル）は、インドを震え上がらせた。（創造主である）あなたは、自らインド人に罪を与えるのではなく、ムガル（モンゴル）軍を死神としてお送りになった。（中略）

宝石のようなローディー宮廷の人々の破滅が、これらの犬（バーブル軍）によってもたらされた。（ローディー王朝の王子たちには）首に縄が巻かれ、真珠の首飾りの糸は切られた。（中略）ムガルとパタン（ローディー王朝）の間に死闘が繰り広げられ、刀が振り回される。ムガルは大砲を撃ち、パタン人は象軍で戦う。そしてわれわれは、この神の罰を受ける。

ムガルとはモンゴルを意味するペルシア語が変形したものである。インド人にとって、中央アジアから攻め込んできたモンゴル帝国（一三世紀～一四世紀）やティムール帝国のインド遠征（一四世紀末）などは、長く記憶された冷酷な殺戮者たちだった。ムガル帝国は、モンゴル人の国ではないが、それらの系譜に連なる中央アジアからの侵略者によって、ローディー朝の束の間の平和は打ち砕かれた。

戦乱に巻き込まれたナーナクのような庶民は、その被害を受けた。ナーナクは、この苦難を神による罰であり、甘んじて受けることを宣言した。つまり、その怒りや憎しみを他者にぶつけることなく、自ら受け取るという発想を持っている。

誰を恨むでもなく、それを自らの業として受け入れた点が、ナーナク思想の特徴である。惨い仕打ちや逆境を乗り越えるために、彼は神への強い信仰を教えた。ナーナクは戦争を起こし略奪や殺戮をほしいままにするイスラムの侵略者を恨むのではなく、これを自らの運命として受け入れる。これは一種の忍辱の思想であり、極めて仏教的な思想である。

他者に敵意を抱かず、他者の悪行を責めず、ひたすら自らの道徳性の完成を目指すナーナクの意気込みは、ブッダの「憎しみは憎しみによっては消えない。ただ愛によって消える」（『スタニパータ』）に通じる自己抑制の心である。

自己省察や真理の実戦を、宗教の根本に置くナーナクの教えは、他者への敵意や恨みを超えて、真実を実現することにのみ集中する。「真理の教えは貴い、しかし、真理に沿った生活は、さらに貴い」が、激動の時代に生きたナーナクの教えの核心である。

後代にシク教団は軍事化し、パンジャーブの藩王として、世俗権力の維持に血道を上げることになるが、権力闘争のさなかにあっても、シク教団は憎しみや欲望の充足を図った他の藩王とは異なる統治を行った。

†ナーナクの後継者アンガド

次に、ナーナクの後継者に関して簡単に触れよう。

現在のシク教の信仰は、独自のグル信仰、聖典崇拝、独自の習俗、不屈の武装集団など、ナーナクの教えのイメージとは直結しないものが多い。シク教も時代によってその様態を変えてきたわけだが、しかしその基本は、ナーナクの定めを維持している。

シク教の後継者は、どのような指導者だったのか。シク教の歴史では、特に第二代、第三代、第五代、第六代、第九代と、人間としては最後のグルとなった第一〇代が重要だとされる。今日のシク教との共通点に焦点を当てて、以下、この六人のグルの生涯と功績について、簡単に概説しよう。

シク教団の精神的な基礎形成に大きな役割を担ったのが第二代アンガド（一五〇四年〜一五五二年、在位：一五三九年〜）であった。ナーナクには二人の息子がいたにもかかわらず息子を後継にせず、アンガドがグルを継承した。アンガドの精神性の高さをナーナクが重視したためだったが、この後継問題は教団内に内紛を引き起こす。ナーナクの実子は、宗教的なグルの地位も財産であると主張したのであった。

アンガドはナーナクの教えを尊重する大多数の信徒とともに、新たな教団を形成した。このことはシク教が、血統ではなく宗教的な精神性を重視する純粋な宗教集団であることを意味した。継承問題は長くシク教団を悩ますこととなるが、アンガドはナーナクの見立てどおり、シク教が独自の宗教教団として独立するための基礎的な要素の確立に重要な役割を果たした。

特に、シク教独自の文字グルムキー文字を考案して、ナーナクの言葉を記録した功績は大きい。シク教の聖典『グラント・サーヒブ』（今日では「グル・グラント・サーヒブ」と呼ばれる）編纂の基礎をつくったのもアンガドである。グルムキー文字は、シク教徒の宗教的アイデンティティー形成の根本であり、シク教の宗教的独立の基礎を築いた。

シク教のランガル（共同食堂）を始めたのは、アンガドの妻マターー・キビであった。

また、アンガドは、シク教徒は権力におもねらず、常にナーナクの教えである真理のみを実現するための努力を講ずるという宗教的な道徳を、教団の精神に植え込んだ。

ムガル帝国皇帝バーブルの息子フマユーン（一五〇八年～一五五六年）は、戦いに敗れインドを脱出しようとパンジャーブを通過する際に、アンガドに面会を求めたが、説教中であることを理由に断られたという。フマユーンは激怒しつつも、脅しに屈しないアンガドの宗教的な気高さに感動し、王朝再興の暁には、再会することを約束してペルシアに落ちのびた。後に、フマユーンがペルシア王の支援を受けてインドの支配者に返り咲いた一五五五年には、アンガドはすでにこの世になかった。第二代フマユーン帝の遺志は、息子のアクバル帝（一五四二年～一六〇五年）に引き継がれた。

アンガドを継いで第三代グルとなった老宗教家アマルダース（一四七九年～一五七四年）は、この縁により、第三代アクバル帝の知遇を得て、今日におけるシク教の聖地アムリッサルの土地を賜る（パンジャーブ州。アムリッサルの土地は買い取ったという説もある）。ここに黄金寺院（ゴールデンテンプル、パンジャーブ語「ハリマンディル・サーヒブ」）を築く基礎となった。

第二代グルのアンガドにも二人の息子がいたが、教祖のナーナク同様、アンガドも息子ではなく、アンガドに一二年間奉仕した七〇歳代の老人アマルダースを第三代グルに選んだ。この人選が、今日に続くシク教団の実質的な確立とその宗教的な性格を大きく規定することとなった。

†シク教団組織の形成者

アマルダースへの第三代グル後継指名がシク教団にとって僥倖《ぎょうこう》だったのは、彼が教団の独立性と拡大のための組織づくりに、大きな役割を果たしたことである。仮にナーナクを親鸞だとすれば、アマルダースは浄土真宗の中興の祖と呼ばれる本願寺第八世の蓮如（一四一五年〜一四九九年）にたとえられるかもしれない。蓮如は、天台宗青蓮寺の末寺だった本願寺を再興して、巨大な本願寺信者集団を作り上げた。

アマルダースは女性信者の地位向上を図った。当時一般的であったパルダー（ムスリム由来の女性隔離の習慣）や、サティ（ヒンドゥー教徒の習慣として定着していた寡婦殉死）の否定、さらに教団内において再婚の奨励を行うなど、ヒンドゥー教やイスラム教の当時の非人道的文化からの離脱を決行した。また、シク教の組織化と宗教税を断行し、実質的にシク教教団を確立した。この税は収入（多くが農民だったので収穫物）の一〇分の一の税率であった。

ムガル帝国第三代アクバル帝の面会申し込みに対して、アマルダースが制度化した共同食堂ランガルで食事をとることを要求した。一般のシク教徒はじめ来訪者と同席することに皇帝の随員たちは激怒したが、イスラム教のスーフィー行者でもあったアクバル帝はこれを受け入れ、アマルダースの宗教的精神性の高さを激賞した。

しかし、中央アジアとデリーを結ぶ戦略的な要衝地に勢力を拡大しつつあるシク教団へ、ムガル帝国からの干渉が日増しに増大。やがてシク教団への弾圧につながっていくと、シク教団は武装化へむかっていく。

教団武装化の動きは第四代グルにも引き継がれた。天寿をまっとうした第三代アマルダースは、その後継者に血縁関係はないが、娘婿のラーム・ダース（一五三四年〜一五八一年、在位：一五七四年〜）を指名した。

この選択は、グル位の継承を巡り実子と後継者との争いを避けつつ、精神性の継承を重視してきたナーナク以来の伝統を守るための苦肉の策であったといわれている。第三代アマルダースの活躍もあり、パンジャーブの一宗教団体から大きく成長したシク教団は、ナ

●一七世紀初頭のインド（ムガル帝国）

カシミール地方
カーブル
スリーナガル
カンダハール
ラーホール
ムルターン
デリー
ヤムナー川
ガンジス川
アワド地方
インダス川
アーグラ
シンド地方
チャンバル川
アジメール地方
ビハール地方
パトナ
マールワー地方
ヴァーラーナスィー
アラーハーバード
グジャラート地方
ハーンデーシュ地方
ベラール地方
ベンガル地方
アフマドナガル王国
オリッサ地方
ベンガル湾
ゴア
ゴールコンダ王国
ビージャープル王国
ビーダル王国
アラビア海
ムガル帝国の領域

ーナク以来の原初的な政教一致体制から大きく飛躍する時期にあった。

その飛躍、特に教団の象徴建設のために心血を注いだのが、このラーム・ダースであった。彼らは現在のゴールデンテンプルの建設に努力したが、その完成は彼の実子、第五代アルジュン（一五六三年～一六〇六年、在位：一五八一年～）の時代である。

アルジュンはグル位を実子として世襲した最初のグルであり、宗教者というよりも世俗の王的な存在であった。彼は、グル位の継承のためのゴタゴタに煩わされることなく、父の遺志を継ぎ、シク教団の象徴的事物の政策に努力した。ナーナクや歴代グル、さらにはイスラム教のスーフィーやヒンドゥー教のバクタ（バクティ信者）たちの宗教詩を集め、聖典『グラント・サーヒブ』を編集し、一六〇四年にはゴールデンテンプルの中心に安置し、神の言葉を記録した聖典として自らもこれを拝した。

シク教はイスラム教の影響から、ヒンドゥー教や仏教などのように聖像を拝することはないが、その代わり聖典『グラント・サーヒブ』を神像、仏像の如く崇拝した。この時編集された『グラント・サーヒブ』は、以後、たんなる聖典以上の存在として、シク教の象徴として機能している。

独自の宗教的象徴を持ったシク教団は、カースト、性別、そして職業などの差別を否定し、平等で、勤勉な社会建設を実現する集団として成長していった。第五代アルジュンの業績は、ナーナク以来シク教団が追い求めた理想社会の完成形ということができる。

しかし、それは同時にパンジャーブの地方豪族に成長したことを意味し、様々な政治紛争に巻き込まれることにつながった。特に、アルジュンは、引き続きアクバル帝の寵愛を受けたが、その後、ムガルの継者争いに巻き込まれて、第四代皇帝ジャハンギール帝（在位：一六〇五年〜一六二七年）側につかなかったために、処刑されることとなった。

†軍隊組織化するシク教

その結果、第五代アルシャンの息子で、第六代グル位を継いだハルゴービンド（一五九五年〜一六四四年、在位：一六〇六年〜）は、父の処刑を期に、シク教団の軍事集団化に大きく舵を切った。さらに、シク教の武装化傾向は、ジャハンギール帝のイスラム純粋主義を受け継いだシャー・ジャハーン（在位：一六二八年〜一六五八年）帝による弾圧でいっそう先鋭化した。

イスラム純粋主義をいっそう激化させた第六代アウラングゼーブ帝（在位：一六五八年〜一七〇七年）の代になると、シク教のみならずヒンドゥー教徒ら異教徒への弾圧は激しさを増していった。もっとも、この間シク教団には優れた指導者は出なかった。一六歳でグルとなった第七代ハル・ラーイ（在位：一六四四年〜一六六一年）、その実子で第八代を継承したハル・クリシャン（在位：一六六一年〜一六六四年）はわずか五歳でグルとなった。彼らには宗教史的に特記すべきものはない。わずか五歳でグルとなった第八代が天然痘で夭折《ようせつ》すると、シク教団は内部分裂し、いわば無政府状態に陥った。そのために、ハル・クリシャンの大叔父であり、第六代ハルゴービンドの息子であるテグ・バハードゥル（在位：一六六四年〜一六七五年）が第九代グルとなった。

イスラム純粋主義というより原理主義に邁進するムガル帝国のアウラングゼーブ帝の弾圧に、第九代のグルとなったテグバハードゥルは、戦う姿勢を鮮明にした。彼はパンジャーブを離れて全インドに転戦した。

一般にムガル帝国への抵抗運動では、インド中部（デカン）のシーヴァージー（一六二七年〜一六八〇年）などによるマラーター同盟が有名であるが、パンジャーブのシク教団による反ムガル抵抗運動も決して見落とされるべきではない。

第六代以降、軍事教団化が進んだシク教団は、まさにイスラムのジハードに匹敵する聖戦思想を形成していた。もちろん、それはイスラム教のように領土の拡大や富の獲得を目的にしない、常に防衛のための聖戦であったという点が、イスラム教の聖戦と大きく異なる。実際に、シク教団が侵略戦争を行ったことはない。

いずれにしても、ヒンドゥー教側から見れば、狂信的ともいえるアウランガゼーブ帝のイスラム化政策は、アクバル帝以来のヒンドゥー・イスラム融和社会の均衡状態を破壊し、インド各地に反ムガル、反イスラムの反政府運動を頻発させた。シク教のグル・テグ・バハードゥルは、パンジャーブの反政府運動指導者、シク教徒とヒンドゥー教徒を糾合する指導者として、アウラングゼーブ帝に挑み、ついに処刑される。

処刑の直前、アウラングゼーブ帝と第九代テグ・バハードゥルの問答が残っている。皇帝が「私に反抗することは、君の利益にはなるまい。恭順すれば命を救うがどうか」と問うと、第九代グルは「いかなる権力者といえども、死によって滅亡を迎えます。しかし、神とそれに仕える者には、死という滅亡はありません」と応えた。そこで、皇帝が「では、神に仕える者として、その証しである奇跡を起こしてみよ」と問い詰めると、第九代グルは「奇跡などというものは、手品師やペテン師のやることです。私に許されていることは、神の意志に沿って生きることです」。皇帝はすかさず「イスラムこそ真の宗教であり、唯一の宗教である」と述べると第九代グルは「私にとっては、その人が信じ、従っている宗教が、則ち真の宗教であり、その人にとって唯一の宗教なのです。たとえそれがヒンドゥー教であろうと、イスラム教であろうと私はそれを否定しません。すべては唯一の神の教えなのですから。しかし、その信仰を暴力や武力をもって変えさせようとすることには、私は断固反対します」。こうして第九代グルはすすんで死を選んだとされる。

アウラングゼーブ帝は怒り、第九代グル・テグ・バハードゥルを宗教者ではなく、反逆者として処刑した。グルの刑死により、たった九歳のゴービンド・ラーイ（一六六六年〜一七〇八年、在位：一六七五年〜）が第一〇代のグルを継いだ。

†シク教徒の名前に「シン」「コール」が多い理由

ゴービンド・ラーイは、父の転戦先の中部インドのパトナで生まれ育った。父の急死で跡を継いだまだ九歳のグルには、しかし実質的にシク教団を導く力はなかった。シク教団は徐々に、ヒンドゥー教色を強めて行き、教団の独立は危機的な状況となった。

しかし、成長したラーイの教団改革が、この危機を救う。

一六九九年のシク教の正月ともいえるバイサキのお祝いの時、彼は教団再編の行動を起こした。これがカールサー（アラビア語の純粋という意味）改革と呼ばれる運動である。シク教の純粋な集団という意味が含意されているが、シク教の、実質的な軍事宗教集団化であった。

シク教徒のトレードマークといえば頭に巻いたターバンを思い起こす人は多いだろう。第一〇代グル・ゴービンド・ラーイは、髪・髭（ケーシュ）を切ったり剃ったりしないこと、櫛（カンガー）を常時身につけてきれいに手入れすること、半ズボン（カッチャ、ムガル朝時代の軍服を象徴する）をはくこと、鉄の腕輪（カラー、武器にもなる）を身につけること、小刀（キルパーン）をいつも持っていることを、カールサーに選ばれたメンバーたちに命じた。

頭文字をとって5Kと呼ばれるこの五つが、シク教を象徴する装身具である。

カールサー改革は、シク教団を軍事集団化することを目指したもので、これ以後シク教徒は、ヒンドゥー教的なカースト・ヴァルナの影響も、イスラム教の宗教的権威からも独立すべく、その名前を男性ならばシン、女性の場合はコール（王女の意味）とすることとなる。男性名のシンはシングと表記することもあるが、これはシンハつまりライオンという意味である。こうしてカールサー改革に参加したシク教徒は、勇敢なライオンのごとき戦士として生まれ変わることとなった。

改名についての説明を補足すると、シンは、インドの戦士集団の子孫だというラージプート族が自称するクシャトリヤ階級のカースト名である。ヒンドゥー教徒も、シンという名を好んでつけるが、実際多くが、クシャトリヤ階級の名前である。

いずれにせよ、シン（男性）やコール（女性）に統一することによって、従来のように名前からそのカースト、つまり社会的地位や職業が判明しないことになった。改名によって、ナーナク以来目指してきたシク教の平等思想とその社会的な実現が可能となったのだ。

以後、提案者のゴービンド・ラーイも、自ら、ゴービンド・シンと名乗った。

†第一一代は意外なグル

軍事教団化したシク教団は、ムガル政府との死闘を繰り返し、世俗国家的な性格を強くした。この点で、かつて中村元博士が指摘したように、信長などと熾烈な戦いを繰り広げた本願寺の顕如(一五四三年〜一五九二年)や息子の教如(一五五八年〜一六一四年)は、第九代テグバハードゥルと第一〇代ゴービンド・シン親子と比較すると面白いかもしれない。どちらも宗教国家の領主と宗教的指導者を兼務し、現実的な利害と宗教的な情熱を利用せざるを得ないほどに、世俗化した宗教教団の苦悩を見て取ることができる。

ゴービンド・シンは、たばこや、麻薬、アルコールを禁止するなど、シク教徒の戒律に当たる生活規範もあらためて細かく定めた。また、他宗教の女性への陵辱を禁止し、奴隷化も否定し、異教徒の女性の身の安全には特に心を砕いた。

ともあれ、少数派のシク教徒の抵抗は、ゴービンド・シンの息子たちの死により後継者を失うまでに追い詰められた。

そこで、ゴービンド・シンは、第一一代のグルに聖典『グラント・サーヒブ』を指名し、自らこれを拝した。以来この聖典は『グル・グラント・サーヒブ』と呼ばれるようになった。現在でも『グル・グラント・サーヒブ』は、生きたグルと同様に扱われる。そのため、この聖典は早朝寝所から輿で運ばれ玉座に安置され、夕刻にはまた輿に乗せられて寝所に戻り、就寝するという儀式がある。原則として世界中どこでも行われているが、パンジャーブ州の聖地アムリッサルのゴールデンテンプルでは、毎日盛大に行われている。

†パンジャーブの覇者へ

聖典を後継者に指名した直後、ゴービンド・シンは戦死し、シク教団は再び危機に陥る。しかし、新たに結成されたカールサー集団による徹底抗戦と、ムガル帝国衰退により、しばらくするとシク教団は、パンジャーブにおける有力豪族、そしてシク王国を創設(一八〇一年)するまで勢力を拡大することとなる。

だが、そこまでの壮絶な戦いは、現在でもシク教徒の記憶に深く刻まれている。たとえば、仏教寺院であれば仏伝(ブッダの生涯)が、ヒンドゥー教であれば神々の像が、壁一杯に描かれるのも珍しくないが、シク教寺院(グルドワラ)を訪問すると、グルの生涯よりも、幾多の戦争で犠牲となったシク教徒の無残な姿がリアルに描かれた壁画を見ることができる。筆者も幾度か対話したことがある独立運動の英雄ジャイネル・シン・ビンドランワレ(一九四七年~一九八四年)の無残な姿が、大きく描かれているグルドワラもある。

シク教徒は、殉教者の存在をグルドワラに描き、その苦難を常に思い返し、宗教的な情熱を教団の維持と発展に注いでいるのである。その宗教的なあり方は、当然であるがアメリカのシク教徒においても継承されている。アメリカ西海岸のグルドワラにも同様の壁画があるのだが、アメリカ人の信徒が、いぶかしげに筆者にその意味を尋ねてきたことを思い起こす。

ゴービンド・シンのカールサー改革によって軍隊化したシク教団は、老若男女を問わず、すべて戦士とみなして、常に戦士として生活することを定めた。シク教団がパンジャーブに勢力を取り戻すまでの一〇〇年間は、苦難の連続であった。しかし、ムガル帝国の衰退に乗じて、その権力の空白にシク教団が台頭できたのは、当然の帰結であった。

†苦難とその克服

インドの西北部は、中央アジアからインド亜大陸への異民族の最大の侵入経路であり続けたが、それは軍事力を伴う戦闘的なものだけではなく、西方の優れた文化や富をインドにもたらす進入経路としても機能してきた。イスラム教のインドへの布教と定着も、主にこのルートからであることはすでに述べたとおりであり、大乗仏教のような、優れて普遍的な宗教がこの地域から生まれ世界に伝播した理由である。インド西北部の地は、文明交流の結果としての豊かさと裏腹に、常に異民族の侵入と略奪、そして混乱のサイクルを運命づけられていたのである。

そのサイクルを断ち切り、長らく一定の社会秩序を保ってインド全体を統治したムガル帝国の政治的、軍事的な衰退が、第六代アウラングゼーブ帝のイスラム純粋主義への回帰政策にあったことは、ある意味で大きな歴史的な教訓として記憶されるべきことである。アウラングゼーブ帝の死（一七〇七年）の直前、一七世紀末になると、それまで約一七〇年続いてきたムガル帝国は、インド各地に地方勢力の台頭を許すまで衰退した。

軍事力の抑えが効かなくなると、ヒンドゥー教徒の反乱を招き、全国規模で混乱の時代に突入する。また、帝国の衰退は、インドの富を虎視眈々と狙うアフガニスタンなど中央アジアの諸勢力や隣国ペルシアによるインド亜大陸への侵攻を再び活発化させた。さらに大航海時代にあったイギリスなど欧州勢の攻勢もそれに加わった。

いわばムガルの衰退は、彼らが果たしてきたインドへのアフガン・中央アジア勢力に対する防波堤の崩壊を意味した。その結果、パンジャーブは、常に侵略者との主戦場となった。シク教徒は、弱体化したとはいえ、ムガル帝国の地方勢力との戦闘と同時に、侵攻者ともその生存をかけて戦わなければならなかった。

この状況は、ムガル帝国成立前数世紀の状況に酷似していた。戦闘能力に優れたアフガニスタンの諸勢力は、パンジャーブの富を、そしてあわよくばその支配をかけて、波状的にカイバル峠から南下し、ムスリム、ヒンドゥー教、シク教徒の区別なく戦闘を仕掛けた。この混乱の中でシク教団は、九代、一〇代と立て続けに二人のグルを殺され、さらにその後継者も戦死した。この事実だけでも、いかにシク教団のおかれた状況が厳しいものだったか理解できよう。

ただし、ヒンドゥー教の修行者から転身した指導者バンダ・シン（一六七〇年〜一七一六年）が率いるシク教のカールサー軍団が、パンジャーブの土地を一時的に奪還することもあった。これは短期的とはいえ、シク教徒が支配する宗教国家の先例となった。しかし、バンダ・シンの軍隊はほどなく鎮圧され、彼は同志数百人共々処刑された。その様子は非常に酷いものであったと伝えられている。バンダ・シンの処刑に先立ち、彼の目前で、三歳の息子の心臓をえぐり取り、まだ動いているその心臓を、バンダ・シンの口にねじ込んでから斬首したという。

これ以後もシク教徒は、ムガル政府、ペルシアのナディールシャー、そしてその二人の息子の侵略者にも徹底抗戦で挑み、多くの死者を出した。特に、ラホールの支配者であったミール・マンヌ（?〜一七五三年）による女性や子どもの大量虐殺は、過酷を極めた。

ミール・マンヌ軍が、シク教徒の乳児を母親の面前で、串刺しにしている光景は、ほとんどのシク教寺院の壁に描かれている。シク教徒の惨な戦いは、デリーの戦い（一七八三年）まで続いた。その後、シク教徒は、それぞれの勢力基盤に、王国を建設し実質的なパンジャーブの支配者となる。

ラホール一帯を支配したマハラジャ・ランジート・シン（一七八〇年〜一八三九年）は、現在のシク教問題を理解するうえで重要である。この隻眼の英雄は、群雄割拠する小藩王を統一し、パンジャーブにシク王国と言い得る統一王国を建設した。しかし、インドの大半分を植民地としていたイギリスは、最後の敵対者ともいうべきこの王国を二度のシク戦争（第一次一八四五年〜四六年、第二次一八四八年〜四九年）で屈服させ、全インドを支配下に置いたが、彼らの統治形態はほぼそのまま温存した。そのためシク教徒は実質的な在地領主として、またパンジャーブを代表する宗教という位置づけを維持し続けた。

†シク教のデアスポラ

しかしインドとパキスタンの独立時、パンジャーブを縦断する形で、印パの国境線が引かれてしまう。政治的に引き起こされた国家の喪失であった。シク教徒が居場所を失ってしまった問題は、いわゆる民主主義を一方的に持ち込んだイギリスの失策であった、とシク教徒は考える。パンジャーブのシク教徒のうち、現在のパキスタン側にいた信者が多数派であったが、難民としてインド側に着の身着のまま放り出された。

印パ分離独立では、多くの人々が大きな犠牲を払わされたが、ムスリムはパキスタンを、ヒンドゥー教徒はインド共和国という国を手に入れた。しかし、パンジャーブの支配者であったシク教徒は、領土を失い難民となった。印パの独立は、シク教徒の犠牲にうえに成り立ったものだ、という認識を抱くのも当然だと言えよう。

また、インドへの移住を拒絶して世界中に散らばったシク教徒は少なくなかった。現在世界で活躍する人の多くは、この時に旅立った人々である。これをシク・ディアスポラと呼ぶ。インド側に移住したシク教徒への扱いは、彼らの期待を大きく裏切るものがあった。インド政府への不満が、シク教独立運動である「カリスタン独立運動」さらには、一九八四年のゴールデンテンプル制圧事件(通称ブルースターオペレーション)や、その後の一〇年間に及ぶパンジャーブ各地でのシク教徒の反乱、反抗につながった。あるいは、インド人の海外移民の多くをシク教徒が占めいていた時代もある。現在でも東南アジアやアメリカ、カナダ、東部アフリカで、多くのシク教徒が活躍している。

†独立を巡るシク教の役割と不遇

本章で見てきたように、インドにおける宗教改革・社会改革を目指したナーナクおよびシク教であったが、その歴史は決して穏やかなものではなかった。ナーナクを引き継いだ第一〇代までのグルの九人のうち三人が、ムガル皇帝により処刑あるいは暗殺されたという歴史は、シク教を平和の集団から軍事集団へと変貌させた。

現在のシク教徒がターバンを巻き、髭を伸ばすという独特の習俗を宗教的義務としているのも、この不幸な歴史の中で定められたものである。酷暑のインドのなかでも有数の高温の地パンジャーブにおいて、シク教徒の習俗は苦行にも等しいものであるが、真理実現のための倫理規定、神の意志（フカム）の実践として、シク教徒はかえってそれを誇りとしている。

シク教徒の、いかなる逆境にも他者を責めず、与えられた環境を神の意志として甘受し、その中で最善を尽くすという生きかたは、インドの近代化に大きく貢献した。シク教の合理的で現実重視の教えは、彼らをインドのカースト・ヴァルナの桎梏やヒンドゥー・イスラムの泥沼の対立から解放し、さらに他の宗教に比べて、積極的に他地域へ移住することを可能にした。

筆者は近年、東南アジアにおけるシク教移民の調査を手がけているが、タイやシンガポール、そして香港、マレーシアにおけるシク教徒の活動は一〇〇年以上の歴史がある。シク教の寺院グルドワラを中心に、信徒相互のネットワーク構築に向けて盛んに活動しており、他の海外インド人以上に活発である。

宗教を日常倫理の中心に位置づけ、聖俗一致の生活スタイルで活動しているのである。シク教徒の実践倫理重視の思想は、いわば現在世界各地で引き起こされる地域紛争、宗教紛争解決のヒントとなる。

第五章　ジャイナ教、ゾロアスター教、キリスト教

1　ジャイナ教

†仏教の姉妹宗教

ジャイナ教は、仏教と姉妹宗教であるといわれる。社会的、宗教的背景を仏教と共有し、またその思想も仏教と共通点の多いが、インドを離れ世界展開した仏教とは異なり、過去二五〇〇年間インドの大地にしっかりと根を張り、インド社会に確たる社会的、宗教的地位を維持し続けた民族宗教である。

ジャイナ教は仏教の合わせ鏡のような存在であり、インド仏教の盛衰に関する研究においては、欠くことのできない比較対象である。その独自の思想や修行形態には、仏教が忘れ去ったウパニシャッド時代の熱気や、インダス文明以来のインド固有の森林修行者集団の伝統を、いまも感じさせる宗教である。

そして、ジャイナ教は、理性的な思考法と、極端な禁欲と、厳しい自己抑制の実践を通じて涅槃（宗教的完成）を獲得する。これは典型的なインダス以来の苦行型の宗教ということができる。その意味で、インダス文明以来のインド固有の宗教形態を概ね継承した宗教である。

もちろん、仏教と大きく異なる点もある。死をも甘受する、あるいは死を希求する苦行を基本として、決して妥協しない伝統遵守の宗風は、インドにおける絶対少数派ゆえに可能であったともいえる。また仏教のように世俗世界との境界を曖昧にせず、インド社会での飛躍的な拡大を望まず、宗教的な理想を頑なに追求し続けた。この姿は、いまも変わっていない。

このように表現すると、インド宗教界では、仏教がその教理や実践において、いわば中途半端な宗教であったように聞こえるかもしれない。この点は、初期の宗教の純粋形態を墨守《ぼくしゅ》し、極めて限定的な閉ざされた集団における自己充足的に満足するか、それとも初期の理想を時代と共に再解釈し、常に発展的に展開してゆく開放型宗教を目指すか、という両宗教の根本姿勢の相違であろう。そのため仏教とジャイナ教は時代とともに乖離していき、また両者のインドでの運命を大きく変えることになった、という理解が正しいのではないだろうか。

†似ているけれど大きな違い

仏教は開祖ゴータマ・ブッダの二重の悟り体験から生まれた。第三章の梵天勧請の項で説明したように、仏教はその最初期から常に他者への働きかけを不可欠とし、そこに宗教的な価値を見出していた。それが後に、慈悲の思想として確立する。

インドにおいても一時的には、民族宗教であるバラモン教を圧倒するほど隆盛し、また大乗仏教運動をとおして世界展開したことで、文明レベルでユーラシア各地に影響を残すまでに拡大したが、インドの大地においては、滅亡といっても過言でないほど衰退した。一方ジャイナ教は、端的に言えば自力救済を基本とし、出家し厳しい修行による自己の完成（悟り）という方針を変えることはなかった。そのために、インドの大地から飛躍しようとする意志を持たなかった。ジャイナ教は宗教世界を中心として、仏教のように世俗化せず、二五〇〇年に及ぶ長い歴史を、ひたすら伝統を遵守し、歩み続けてきたのである。

おそらく今後も変わることなく、インドの大地に生き続けてゆくであろう。

ジャイナ教の開祖マハーヴィーラ（偉大なる英雄の意味）は、その俗名をヴァルダマーナ（栄えるもの）といい、ゴータマ・ブッダのいわば先輩思想家六人（六師外道）の一人であった。仏典でその名は、ニガンタ・ナータプッタ（束縛から離れたナータ族の主神者・あるいは覚者）である。

彼は、商業が盛んで、ブッダにも縁の深いヴァイシャーリー（毘舎離）近郊に生まれた。彼は王族の出身ということであるが、この点でもゴータマ・ブッダと類似している。さらに結婚し一女をもうけた後、三〇歳で出家し、苦行の後、四〇歳頃にジナ（勝者、ジャイナ教では悟った者）となった。以後、三〇年ほどの布教の後、紀元前四七〇年頃に七二歳で、ナーランダー寺遺跡の近郊で入滅している。この生涯をみても、ゴータマ・ブッダとの類似が認められる。

もっともジャイナ教では、マハーヴィーラは開祖というよりも第二四代の祖という位置づけであり、おそらくは修行者集団の改革者的存在を自認していたのであろう。この点で、まったく新しい教えを説いたと自己認識するゴータマ・ブッダ（仏教の考え方）と大きく異なる。

教祖生涯や教えに類似性がありつつも、仏教とジャイナ教には根本的な違いがあり、インドにおいて両者の歴史的展開が対照的に推移した原因の一つにして最大の要因はここであろう。

†堅牢な教団組織

マハーヴィーラは、仏教同様に、あるいはそれ以上に徹底してヴェーダの権威を否定し、倫理的なで合理的な心の制御と苦行の実践による救済を説いた。ここに妥協はない。

ゴータマ・ブッダが、伝統的な修行集団を離れて独自の宗教世界を創出したのに対し、マハーヴィーラは、伝統的な修行者集団の中で悟りを開いたという自覚であり、その意味で苦行は、ジャイナ教の基礎を形成するものである。そのために仏教同様の倫理性や合理的思考を主張しつつも、過酷ともいえる苦行を重視したのである。

ジャイナ教の思想は、一種の相対論に近い立場をとる。懐疑論を基礎にしつつ、批判的、反省主義的に、常に「ある点からすると」という前提（syāt、スヤート）を付して事物理解する。しかし、宗教としてのジャイナ教は徹底した苦行主義であり、行の有効性への懐疑的な視点は認められない。

ジャイナ教の教団組織は、仏教と異なりよく整備されていた。その維持は教団の重要な関心事であり、一種の宗教税も制度化した。仏教は、信者からの布施を重視したが教団運営のために僧が寺院の資金を運営し、個人が資産を保持するという方向に進んでいった。戒律では禁止されたが現実には、仏教教団では僧がその運営に自らの経済活動で貢献できたし、仏教の僧は、いわば金融従事者となり得た。だが、宗教税のような信者を取り込むための制度が未整備であったため、その組織力は未熟だった。それが結果的に、インドにおいて仏教の衰亡の一因となったことも事実である。

一方ジャイナ教の僧の無所有戒の実践は、文字どおり一糸まとわぬ全裸が原則であるほどに徹底していた。僧はまったく世俗に関与しないので、逆に信者との役割分担ができていたということである。ジャイナ教の信者たちは、積極的な教団運営が信仰の一部として位置づけられており、信者としての義務でもあった。ゆえに後世、異民族やムスリムに寺院を破壊されても、すぐに信者集団が復興したのである。

†裸形派と白衣派

ジャイナ教には、二大宗派がある。

まずジャイナ教の上座部派ともいえる裸行派（ディタンバラ）である。彼らは開祖マハーヴィーラ以来の伝統を守る保守派であり、正統派である。裸行派は二一世紀の現在でも、全裸である。彼らは伝統の全裸姿で、デリーの町中でも悠然と闊歩している。

もう一方は、わずかに白衣をまとうことを許す白衣派(スベータンバラ)派である。この二派が、ジャイナ教の有力宗派であるが、両派が分かれたのは、クシャーン朝時代の西暦一世紀の終わりであり、偶然ながら、この点でも仏教の大乗と上座部が分離した時期に近似する。

この時代にはジャイナ教も、仏教と同様に開祖の神格化と、神像の製作が始まった。さらに、仏教のジャータカに当たるような本生譚が、ジャイナ教でも大規模につくられた。これは民衆への布教に用いられ、大いに効果があったとされる。

しかし、インドの国粋化時代であるグプタ朝を通じてバラモン教の勢力が絶大となり、ジャイナ教も仏教同様、バラモン教への共生を否が応にも強制される事態となった。仏教はいち早くタントラ化するなどバラモン教化していったが、ジャイナ教も少なからぬ密教化や大衆化への対応を迫られた。

しかし、ジャイナ教は、厳しい戒律の重視という基本路線があり、その点で仏教のような全面的なタントラ化(密教化)にはいたらなかった。そのために仏教のような巨大な教団に成長することも、またバラモン教への融解的な消滅もなかった。バラモン教との社会的競合関係になく、バラモン教から敵視されることも少なかったということが見逃せない要素ではある。

†厳しい戒律が教団を存続させた

さらにいえば、ジャイナ教徒は戒律遵守という基本路線を堅持し続けたゆえに、インド宗教の受難期ともいえるイスラム支配時代を乗り切れた。この点では、仏教とは対照的な結果となった。また同様な理由で、近代以降の社会的な変化の時代にも、その存在を守り続けることができたのである。戒律遵守を信徒に求め、また教団への貢献を高く評価した点が、ジャイナ教の原動力であろう。

また徹底した不殺生戒の遵守は、その生活規範や職業選択をも厳しく規定してきた。時代の影響をほとんど受けず、徹底的な菜食主義を僧俗ともに貫き、インド独立の父マハトマ・ガンディー(一八六九年〜一九四八年)にも大きな影響を与えたとされる。

ジャイナ教徒は、戒律重視の観点から、殺生を伴う職種にはつかず、主に金融業、出版業、宝飾業界の職種に従事してきた。その勤勉さと正直さ、そして清貧さを貴ぶ教えは、膨大な資本蓄積という結果を生み出した。

中村元博士は、しばしばほんの一握りのジャイナ教徒が、一九世紀までインドの民族資本の過半数を手中にしていた、と指摘する。しかし、現在では総人口の〇・五パーセント前後とジャイナ教徒は少なく、経済活動への規制も多い。同じく商業に大きな影響力を持っているマルワリ（インド東部のマールワール地方出身の商人）から比べると、その影響力は限定的である。往時の繁栄は見られないが、それでも非殺生主義を守り続けつつ、その豊かな資本を元手に、活発な経済活動を行っている。

2　ゾロアスター教

†ペルシアを捨てインドへ

イスラム弾圧を逃れインドに移民としてやって来たゾロアスター教徒はパールシーと呼ばれる。そこで以下からは、インドのゾロアスターを論じるときは、原則パールシーと表記して区別したい。その発生地ペルシアにおいてはゾロアステルと呼ばれ、インドにあってはパールシーと呼ばれるこの特異な宗教と、その信徒たちの思想や生活を、インド宗教の一つという視点から、簡単に紹介する。

人類最初の創唱宗教、そして倫理型宗教といわれるゾロアスター教は、その発生、隆盛を極めたペルシア（現在のイラン）の大地からはほぼ消滅し、南アジア、なかんずくインド共和国において、人口的には少数ながら極めて注目される存在である。

ゾロアスター教徒が、なぜ故郷であるペルシアを捨てて、インドに移住せざるを得なかったのか、そしてインドのパールシーがどのようにして繁栄を築き上げることができたのかは、まさにゾロアスター教が持つ独特の倫理観と、あらゆるものを飲み込むヒンドゥー教的寛容文化のなせる業である。

現在のインドには、ヒンドゥー教をはじめインド発祥の諸宗教がある。これに対して、イスラム教を筆頭に外来宗教が存在する。ゾロアスター教は、もちろん後者に属する。

本書でしばしば論じたように、インドの大地では、その起源はともかく、インド発祥の宗教と外来の宗教は、水と油のように分離したわけではなく、相互に影響し合った。厳格で排他的とさえいえる一神教のイスラム教でさえ、インドではバラモン教や、その発展形のヒンドゥー教と、思想や宗教文化において、相互に融和共生関係を構築した。

ところがパールシーは、インド社会の構成員として社会貢献には非常に熱心であった半面、宗教的には頑なに独自性を守って今日にいたっている。パールシーがインドにおける絶対的な少数派であり続けたことも一因であるが、パールシーが独自性を維持した点は、同じくインド社会において絶対少数派であるジャイナ教との類似が認められる。

†人類最古の創唱宗教の世界観

ゾロアスター教の創始者ザラスシュトラに関しては、その生存年においても謎が多い。一般にその生存を紀元前一二世紀頃、あるいは紀元前七世紀頃とする説が有力であるが、研究者の間でも一定しない。紀元前六〇〇〇年などという説も一時存在したほど謎に満ちている。紀元前一二世紀という推計は言語的な分析などからの算出であり、紀元前七世紀という推計はアレクサンダー大王のアケネメス朝ペルシア帝国征服（紀元前三三〇年）時における資料からの推測である。

ザラスシュトラの教えを編集した『アヴェスター』の言葉には、インドのヴェーダ聖典と共通の言語や思想が見出せることから、どんなに古くても紀元前一五世紀以前の可能性は低いであろう。

ゾロアスター教の教義は、ヴェーダの宗教やバラモン教に見られる祭式万能主義的な呪術性は乏しく、むしろ合理的、かつ倫理的な教理体系を持つという意味で、後のユダヤ教、キリスト教や仏教（特に大乗仏教）へ多大な影響を与えたとさえ指摘される。

ゾロアスター教は、アフラ・マズダーという最高神を中心に、善悪二元論の構造を基本としている。つまりゾロアスター教では、唯一の最高神アフラ・マズダーがこの世界を創造したが、スプンタ・マンユと呼ばれる善なる霊（神的存在）と、アンラ・マンユと呼ばれる悪なる霊（神的存在）との大いなる闘争の場である、と説く。

主神アフラ・マズダーは人間に自由意思を与え、自らの意志で善悪を選ぶことを運命づけた。それゆえにゾロアスター教徒は、善を選択し、善なる行いを通じてアフラ・マズダーに奉仕しなければならないとする。この点は、後世複雑に展開するゾロアスターの教義においてもほぼ一貫している。

歴史的にゾロアスター教徒は、善思・善語・善行の実践という極めて明快な実践倫理を通じて、幸福な世界の建設に貢献することを宗教的の義務として活動してきた。ゾロアスター教が時に「善教」と呼ばれる理由は、ここにある。

ゾロアスター教は、思弁や修行を重視せず、常に日常生活における喜びを重視する。つまり懸命に働き、家族を養い、富を形成すること、また社会的な役割を誠実に果たすことに宗教的な救いがあるという世俗重視の教えを根本とする。そのために節欲や禁欲、ましてや出家修行などの脱世俗行は重視しない。しかし、心身の清浄には極めて敏感で、沐浴などの実践は義務でもある。

ゾロアスター教は、人類最初の世界帝国アケネメス朝ペルシア（紀元前五五〇年建国）の国教として、メソポタミアから西北インドまでの広大な支配地域に、文化的にも宗教的にも大きな影響を与えた。そのためにユダヤ教にも大乗仏教にも、その片鱗が残っていることは想像に難くない。しかしそれが明確になるのは、さらに時代を経なければならない。

先述のように、ユーラシア大陸中部に君臨したゾロアスター教の衰退は、アレクサンダー大王のペルシア帝国の征服によりもたらされた。その後継としてこの地を支配したセレウコス一世ニカトル（紀元前三五八年〜前二八一年）のセレウコス朝（紀元前三一二年〜前六三年）は、シリア、バビロニア、アナトリア、イラン高原、バクトリアにまたがる広大な地を支配したが、安定しなかった。そして、北方遊牧民族のアルケサス朝パルティア王国（紀元前二四七年〜紀元後二二四年）がイランに建国されたことにより、再びゾロアスター教はペルシアの地に大きな影響を持つにいたった。

この間に、ゾロアスター教本来の合理性や実践倫理的な宗風に、呪術性や秘儀性などが混入した。それはハオマ（神酒）を飲むことで、一種の神がかりや酩酊状態を体験する儀礼が重視されたことなどに象徴的に表れている。

†ゾロアスター教と仏教

アケメネス朝ペルシアやアルケサス朝パルティア王国といった当時の先進文明国の国教として実践倫理を説いたゾロアスター教は、終末思想や救世主信仰など、当時としては極めて合理的な教理体系を構築した。その教えは、ユダヤ教・キリスト教・イスラム教そして仏教の救済観や文化に取り入れられており、また西北インドにおいて、大乗仏教の思想形成に無視できない影響があった、と指摘する研究者は少なくない。仏教の浄土思想や未来仏（弥勒）の信仰などは、ゾロアスター教の影響を積極的に認める必要があると、文明論的な視点から指摘できる。

パルティア王国は、遊牧民特有の宗教的寛容さと、交易重視の政策をとった。そのため、シルクロード交易を担う商人に信仰された仏教は、パルティアの各地で信仰された。このパルティア時代に、ミトラ神などイランの古代神への信仰（ミトラス教）も復活し、これが弥勒として仏教信仰に取り入れられたといわれる。

しかし、シルクロード交易の衰退などを機に、アーリア人を標榜するペルシア文明復古主義を唱えるササン朝ペルシアが西暦二二六年に建国される。ササン朝は、農耕社会を重視し、アーリア文明の象徴としてゾロアスター教の統一を図り、その宗風は、排他的なゾロアスター教へと変化した。そのため、異教徒は改宗か立ち退きかを迫られ、仏教徒の多くは、中央アジアやインドに移住したとされる。

一方、ゾロアスター教と仏教、そしてキリスト教などを融合したマニ教は、ちょうどこの時代（西暦三世紀）に生まれ、西側世界に広がった。キリスト教初期の大学者アウグスティヌスが、一九歳頃までマニ教徒であったことは有名である。アウグスティヌスの三位一体説とマニ教の教えとの関係は、しばしば指摘される。

ほぼ同時代に大乗仏教の大論師ナーガルシュナ（龍樹）が、新たな仏教思想を構築したことを考えると、この時代の文明レベルの大変動と関連づけて考えることが必要となるであろう。この時代は、ペルシア文明もインド文明もそれぞれ国粋主義的な文化が花開いた時期である。ササン朝の復古主義は、隣国インドのグプタ朝の国粋主義とも連動しており、仏教のような普遍宗教には、厳しい状況となった。

閉ざされた圏内での文明の爛熟は、七世紀初頭のイスラムの台頭により、瞬く間に打ち砕かれた。特に、ゾロアスター教を国教として保護していたササン朝は、わずか三万数千人のアラブ兵に敗れて六五一年に滅んだ。ササン朝の国教として栄えたゾロアスター教は、イスラムの過酷な支配や改宗への圧力により、王朝の滅亡から三世代を経過した八世紀頃には、ペルシアの大地からほとんど消え失せたと、イスラム資料は伝える。これはいささか誇張ではあろうが、ペルシアの主要な地域からゾロアスター教徒の社会が崩壊していったことは事実である。

同時に、少なからぬゾロアスター教徒は、シルクロードをとおり東アジアの地域へ移住した。インドにも陸路や海路から多くのゾロアスター教徒が難民として庇護を求め、パールシーの祖先となった。それは、数世紀にもおよぶ事件であった。

†ペルシアを逃れたパールシー

今日のパールシーに関していえば、彼らが西インドのグジャートの現在のボンベイ（ムンバイ）から北約一〇〇キロにある港サンジャーンに上陸したのは、伝説では九三六年のことであったとされる。もちろんその前も後も幾世代にもわたりペルシアからの難民は、インドを目指したのである。

難民の受け入れには、興味深い伝承がある。それは難民を率いたダストゥール（宗教指導者）が、当地の支配者であるジャディー・ラーナーに、庇護とわずかな土地の譲渡を申し入れると、彼は溢れんばかりの牛乳の入った水差しを指さし、彼の領土は満杯だと説明した。すると、ダストゥールは一摑みの砂糖をそれに加え、ゾロアスター教徒は国に溶け込み、国を豊かにすることを示した、と伝えられる。

以来、インドの住民となったゾロアスター教徒は、その出身地であるペルシアのパールスに因みパールシーと呼ばれることとなった。

宗教的に寛容なヒンドゥー教社会において、パールシーは持ち前の勤勉さを十分に発揮し社会的な貢献に励み地位を確立、現代では比較的裕福な層や政治的な影響力を持つ人は少なくない。

彼らはインドへ聖火と共に移民してきた。ゾロアスター教は拝火教と呼ばれるが、パールシーは常に聖火を祭り貴ぶ。聖火によって強固な共同体を形成し、いずこに行っても、その聖火は共同体の中心であった。それはインドへの移住時にも当然実行された。

しかし、その聖火の存在は、ゾロアスター教徒の弱点でもあった。ザラスシュトラ以来灯火され続けた聖なる火は、しばしばイスラム軍の人質にされ、多額の犠牲を払わされた。

それでも、ゾロアスター教徒は、この弾圧に耐え忍んだが、聖火に泥水をかけられたりするなどして、その多くは消し去られたのである。この悪夢のような経験は、インドがイスラム化することでたびたび繰り返され、一九世紀のイギリスによる支配の時代にもそうした事件は起こった。

†パールシーの代表的な存在、タタ財閥

勤勉で正直、そして社交的なパールシーは支配者であるイギリス人に歓迎され、その信頼からインド支配、さらにはインドの近代化を率先する主導的な立場となった。

パールシーは、インドへの国粋主義的な思い入れもなく、ひたすら豊かさ、あるいは幸福を追求するその宗教理念は、まさに近代化を受け入れ、推進することに有利となっても、不利となることはなかった。その点で、同じく商人階級を形成し、インド経済界に大きな力を誇っていたジャイナ教徒と類似する条件を持っていたが、パールシーはジャイナ教徒から見ても、その人口は遥かに少ない。けれど宗教的なタブーが少ないゆえに、インドの西洋文明化に大きく貢献した。

インド重工業の父であるジャムシェトジー・タタ（一八三九〜一九〇四年）は、その代表的な人物である。豊富な鉄鉱石を生かして、インドの製鉄産業を育て上げ、貿易業を営

み、あらゆる産業の育成に関わった。また、航空機産業や自動車産業を始め、重化学工業は彼らの関係企業が多く、現在ではインドの優秀なIT人材を活用したAI産業にも深く関わっている。ジャムシェトジーの曾孫にあたるラタン・タタ(一九三七年〜)のもとに、タタ財閥はさらに幅広く手を伸ばし、巨大なコングロマリットを形成している。

ちなみにパールシーは、父方の血統のみを正規のゾロアスター教徒とみなす。筆者がインタビューしたパールシーは、テレビで映し出されたラジブ・ガンディー首相(在職:一九八四年〜一九八九年)を指さしてパールシーであると、茶目っ気たっぷりに話したのが記憶に残っている。

インド・パキスタンのイギリスからの独立運動に関しても、パールシーは少なからぬ貢献をした。

マハトマ・ガンディーとともにインド独立を率いたジャワハルラル・ネルー(一八八九年〜一九六四年)の愛娘のインデラ(一九一七年〜一九八四年)は、パールシーのフェローズ・ガンディー(一九一二年〜一九六〇年)と結婚し、インディラ・ガンディーとなった。その長男がラジブである。彼女はネルーの後を受けてインド国民党を率いた偉大なる政治家であったが、一九八四年に、シク教徒の聖地ゴールデンテンプルに軍隊を突入させたブルースター・オペレーションの恨みを買い、シク教徒の護衛に暗殺された。

†鳥葬

パールシーはボンベイ（ムンバイ）に集住しているが、その人口は父系制を遵守しているため減少傾向にあって、現在は八万人ほどとされる。そこで、母親がゾロアスター教徒であれば、その子供は、ゾロアスター教への受け入れが可能としてはどうか、という意見が検討されているが、なかなか実現しない。

　彼らの多くは、コロニーと呼ばれる中庭のある高層住宅に住んでおり、生活水準も高い。また、その宗教伝統の継承にも熱心である。彼らのコロニーには、寺院が併設され、白装束のマギ（祭司）が、聖なる炎に祈りを捧げている。

　ゾロアスター教といえば、その特殊な葬法（鳥葬）でも知られる。パールシーは現在も古式に則り鳥葬を行っているが、その葬送の場である施設ダフマ（沈黙の塔）は独自のものである。ムンバイの大きなダフマは、住宅街のすぐそば、風光明媚なマラバール丘の森の中にある。石積みの円筒型のその塔で独特の遺体処理がなされるが、衛生上や景観の問題から、物議を醸している。

　しかし、アメリカやカナダなど世界中に散らばったパールシーのなかには、インドでの鳥葬を願って、その遺体をインドに空輸している人もいるという。ちなみにパキスタンのカラチ近郊にも、小形のダフマが存在し、筆者も一九八〇年代の後半に同地を訪問したことがあるが、こちらもかつては荒野であったであろう地形であったが、住宅地が間近に迫り、最近は使用されていないとのことであった。

3　キリスト教

†いつインドに入ったか

人口一二億のインドのキリスト教徒は二・三パーセントと少数派であるが、ヒンドゥー教、イスラム教に次ぐ第三の規模であり、約二七八〇万人の信者数は決して小さくない（二〇一一年に行われた国勢調査による）。彼らはほぼ南インドに集中して暮らしている。

インドとキリスト教との出会いは存外に古い。伝説ではイエスの十二使徒であったトマス（?～七二年）による南インドへの伝道がその最初で、西暦五二年頃とされている。当時インドの南部には、香辛料を中心とする海洋交易が盛んで、海のシルクロードと呼ばれていた。インド南部にはユダヤ人コミュニティーがあり、伝承では、くじ引きで決まったトマスが布教を目指してやって来たといわれる。トマスは、バラモン教の神への礼拝を拒否したゆえに、竹槍で刺されて殉教したとも伝えられる。

そうした事実を証明する同時代の文献はないが、三世紀に成立した「トマス行伝」には、彼のインド布教が記録されている。いずれにしても、南インドのキリスト教伝承において、使徒トマス以来の教えを守っているというインドのキリスト教徒の主張を否定することもないであろう。

トマスのインド布教から一五〇〇年後、極東の日本にキリスト教をもたらしたフランシスコ・ザビエル（一五〇六年〜一五五二年）の遺骸が納められているのは、トマスゆかりの地、インドのゴアにあるボム・ジェズ教会である。インドのキリスト教世界では、使徒トマスとフランシスコ・ザビエルの事跡は密接に結びついている。

歴史的に確実なキリスト教との直接の関係は、ヴァスコ・ダ・ガマ（一四六九年頃〜一五二四年）が東方遠征（一四九八年）によって、カリカット（現在はケララ州の港湾都市コーリコード）に到来したことである。

キリスト教の広がりも、低位カーストから信者が増加していった。これはインドにおける仏教やイスラム教の伝播と同様に、新しい宗教が拡大する際の伝統的なパターンを踏襲している。その後、西洋諸国における勢力図の変化により、インドの主流もカトリックからプロテスタント、さらに英国教会へと変化したが、布教に熱心であったカトリック教徒と異なり、貿易の実利を重視したオランダや英国の東インド会社が貿易の実権を掌握すると、その拡大は停滞した。

†東方教会とカトリックの確執

ヴァスコ・ダ・ガマ以前の南インドのキリスト教は、トマスの流れをくむとされるトマス派（トマス・キリスト教会）で、東方教会のシリア教会派（シリア正教会）と近い関係を持っていた。西方教会（カトリック教会とその分派）に対して東方教会であり、シリア正教会は、現在ヤコブ派とも呼ばれる宗派である。

トマス派は、四三一年に異端とされたネストリウス派キリスト教（中国では景教）の中心的な存在であった。ネストリウス派は、異端審問後にササン朝ペルシアや中国など東方諸国で大いに拡大し、インドにも伝播した。そして、他地域では限定的であったネストリウス派の影響は、南インドにおいて永続した。というのも、トマス以来の古いキリスト教と同じ東方教会のネストリウス派と関係を深めたことで、トマス派キリスト教として存続しえたのであろう。

インドのキリスト教徒は、東西貿易に従事した人々がルーツであり、一種の商業カーストを形成して南インド経済に貢献してきたことも、その存続に大いに役立ったといえよう。その姿は、一三世紀末のフランシスコ会士の報告書やマルコ・ポーロの『東方見聞録』にも見出せる。『東方見聞録』では、「使徒セント・トマス」の墓所（その土）は奇跡を起こすとして、キリスト教徒以外にも深く信仰されており、参詣者も絶えないと報告されている。いかにも、多様性を重んじるインド的な光景である。

しかし、ヴァスコ・ダ・ガマによるインド航路の発見によって、一種の無風状態であった南インドのキリスト教社会に大航海時代というグローバル化の衝撃がやってくる。それが西洋列強によるインド支配の始まりでもあった。

まずインドを支配したのはポルトガルだった。だがポルトガル支配は、すんなりとはいかなかった。ローマ・カトリック教会への帰属（転宗）を、力ずくで迫ったポルトガルの方針（一五九九年「ディアンプル教会会議」）は、インドのキリスト教団内で大きな反感を生む。ポルトガルが強権をふるった背景には、ほぼ同時代に西洋で吹き荒れた宗教改革の影響があり、プロテスタントなど異端派への対応は厳しいものだった。強引な改宗に対して、インド・キリスト教徒たちは、一六五三年に反対声明（「クーナンの十字架の誓い」）を出し、その一部は一六六五年に東方ヤコブ教会として分派した。

†貿易上の必要から守られたキリスト教徒

西洋諸国の強大な軍事力を背景とした貿易政策により、インドにおけるキリスト教徒の存在感も増してゆく。特に、歴史的に南インドのキリスト教の中心地的存在であるケララ州一帯は、古くからコショウの産地であり、中東との貿易で栄えたマラバール海岸で有名であった。このためにコショウ貿易と深く関わってきたユダヤ教徒やキリスト教徒は重視されてきたのである。その伝統は、ムスリムの政権であるムガル時代にも継承されたため、啓典の民として、さらに西方との貿易により、莫大な富をもたらすキリスト教徒は尊重された。さらにケララ州は中央政府と物理的に離れており、また歴史文化の面からも大きな隔たりがあったため、経済的な利益を生み出す金の卵として重視され、宗教的な弾圧をこうむらなかった。

元々バラモン教やヒンドゥー教の影響が少なかったとはいえ、下層カーストの人々が積極的に改宗したことが、キリスト教化の要因であった。これはインドに共通する反カースト運動の一環である。

現在のケララ州には、州人口の一八パーセントにあたる約六〇〇万人の信徒がいる。この信者数はインド東部のナガランド州やミゾラム州など、一九世紀以降イギリスの政策でキリスト教化された地域以外では、突出したキリスト教徒人口といえよう。ケララ州は、こうした歴史から西側諸国への関心が強く、西洋近代化にも比較的容易に順応し、多くの優れた政治家、外交官を輩出してきた。また、面白いことに、シャンカラはじめバクティ運動家などの宗教家が、このケララから出現しているという事実は、この地域が西側との文明的な交流関係を古くから持っていたことと何らかの関係があるのかもしれない。

†イギリス支配

ムガル帝国の衰退に乗じて、巧みな外交戦略と強大な軍事力を用い、瞬く間に広大なインドを支配下に置いたイギリスは、宗教・慣習への不干渉主義を政策の大方針とした。英国政府の基本路線は、布教より経済的な実利重視だったわけだが、もちろん宣教師はやって来て布教を行った。

また、英国領で現地採用された中堅官僚の要望に積極的に応えていったインドの知識エリートは、キリスト教を受け入れる傾向にあった。これは近代西洋文明の受容の一環であり、必ずしも信仰心からとはいえないが、インド政庁が長らくおかれていたベンガル州では、特にこの傾向が強かった。

一方、その反動あるいはキリスト教の浸透に触発された余波として、近代ヒンドゥー教や仏教の改革運動が起こった。

インドのキリスト教は、その長い歴史のわりには、信者数が多いとはいえない。だが現在のマニプル州やナガランド州、ミゾラム州といった東部の少数民族地域では、キリスト教の人口比率が高い。これは、東部地域の山岳民族の、反ヒンドゥー教、反中央政府運動の一環でもある。人口の総数は小さいが、ナガランド州では八七・九パーセント、ミゾラム州で八七・二パーセント、マニプル州で四一・三パーセントという報告がある。インド東部のこれらの地域では、イギリスの宣教師が布教に積極的に関わったとされる。

インド政庁は積極的に西洋文明化、イギリス化を推進し、その結果英語の公用語化など文化政策を通じて、キリスト教は都市のエリート層に大きな影響を及ぼした。インドのエリート層は、西洋文明の優越政策を推進し、その影響は今日までも続いている。自国の言語よりも英語を優先し、ヒンディー語などをあえて話したがらないエリート層は、筆者の留学時代にも少なくなかった。

イギリスは支配の効率化のために、インドの文化理解に力を入れた。その結果としてサンスクリット研究から言語学が発展し、経済運営の研究から二〇世紀最高の経済学者といわれるケインズ（一八八三年〜一九四六年）のような近代資本主義をリードする研究者が生まれるなど、多方面の学問的な成果が生まれた。

少数派ながらキリスト教徒が、インド独立以降も社会に存在感を及ぼす理由は、インドの近代文明化と深く結びついているのである。

しかし二〇世紀の末から始まったインドの急激な経済発展、それと連動した国粋化（ヒンドゥー教化）の中で、キリスト教徒のあり方も変化を求められているようである。国防大臣などを歴任した政治家ジョージ・フェルナンデス（一九三〇年〜二〇一九年）が、都市の英語風表記を昔の名称に戻す（ボンベイをムンバイ、カルカッタをコルコタなど）政策を行ったときには、「まず自らの名をインド的伝統に変えてはいかが？」と揶揄されたことがあったが、それは単なる皮肉に止まらない宗教的な意味が込められていたのではなかったか。

第六章　イスラム時代のインド

†インド・イスラム研究の意義

　インドの宗教思想史においては、イスラム教の存在は欠くことのできないものであるが、その扱いは難しさを伴う。というのも、インドという地域の一宗教として、イスラム教を扱う視点は、唯一の神を奉じ、世界一律の普遍宗教という建前を強調するイスラム教から、あまり好まれないからである。しかし地域性を認めるインド・イスラム研究は、一種の矛盾をはらむが、イスラムの多様性を明らかにするという点で重要である。

　インド・イスラムの特徴は、信者数が膨大であるにもかかわらず、ヒンドゥー教との比較において少数派宗教としてインド亜大陸において拡大途中であり、非イスラム勢力と共生せざるを得ないという宗教的、社会的環境におかれていることである。他宗教との緊張、対立、紛争そして融和という複雑な関係が、現在進行形で展開している。

なお、このインド社会におけるイスラムと多神教の関係史は、日本の将来を考えるうえでも重要な視点を提示する。というのも日本は、偶像（聖像）崇拝や多神教的な宗教（観）を持つ多神教徒が圧倒的に多い。イスラム教の宗教純粋主義者から見ると、日本は忌避すべき宗教が勢力を持つ土地、ダール・アル・ハルブ（一般には聖戦の領域と解釈されるが、ここでは異教徒世界という意味）である。

まだイスラム化がほとんど進行していない日本は、一〇〇〇年ほど前のインド亜大陸と似た状況とみなすことができる。イスラム神学的に見れば、この異教の地にいかに素晴らしい神の教え「イスラム教」を普及させるかは、大きな関心事（宗教的な義務）になり得る。つまり、過去一〇〇〇年以上にわたるインド亜大陸において展開されたイスラムと非イスラム、特に多神教徒との多様な歴史は、日本におけるイスラム受容を考えるうえで、大いに参考にすべき教訓なのである。

†インド・イスラムの思想的特徴

イスラム教は、政教一元（すでに述べたように筆者の造語。一致というのは元々異なるものが一つになるという意味であるが、一元は元々一つであり、分離していない）体制であるがゆえに、宗教的拡大は、信仰領域のみならず、社会領域の拡大と密接不可分である。しかも、信徒一人ひとりにイスラムの布教、勢力拡大を半ば宗教的な義務としているから、社会レベルにおいても非イスラム、特に多神教徒との全面的な軋轢を生む可能性が高い。

そして事実、インド亜大陸で展開されてきたイスラム史には、まさに典型的な事例がたくさんあった。もちろん、ムスリムが常に異教徒との闘争に明け暮れていたわけではない。多くのイスラム化した地域が、非常に短期間に、イスラムの絶対的な優位環境を形成できたのとは異なり、インド亜大陸ではイスラムはいまだ少数派であるために、その状況に合わせたイスラム思想が発展した面もある。それが、イスラム教とヒンドゥー教との融和思想の発達である。またある意味で、インドのイスラム化は停滞あるいは緩慢に推移しているということもできる。

本書では、インドにおけるイスラムとヒンドゥー教との社会的妥協としての共生というレベルに止まらない、真に宗教的なレベルからヒンドゥー教との融和思想をいわば創出し、それを現実社会で実践したインド・イスラムの思想的意義を強調しておきたい。歴史的な記述では、どうしても記録に残るトピックとして、紛争や対立の記述が多くなるが、しかし、平和的共存のための思想的な努力も長い伝統を持つのである。その思想の基礎にウパニシャッド思想、神秘主義思想の存在もあるが、インド・イスラムが発達させた諸宗教宥和の思想は、グローバル化した人類社会において、イスラムと多神教徒との平和的共生思想構築に、大きな貢献が期待できるのである。

†政治・経済的野心と宗教的情熱——二つの流れ

インド・イスラム研究でまず注目したいのは、その初伝の形態である。一般にイスラム勢力の拡大は、その初期の段階から、宗教的な情熱と、征服による戦利品の獲得（実利面）とが、密接不可分の関係をもって展開された。この点は、インドにおいても、基本的には同様であった。その初伝の形態のためインド社会は、当初からイスラム勢力に、その宗教的な相違以上に恐怖心と憎悪を掻き立てられたのである。

ムスリムにとってインド布教は、実利面で大きなモチベーションとなった。その原点ともいえる八世紀初頭のシンド地方（現在のパキスタン南部）征服では、予想以上の大収穫があった。一説には侵攻にかかった費用の一〇〇倍近い略奪品が、カリフ（イスラム国家の指導者）に送られたといわれている。

この時以来、イスラム圏ではインドを「黄金への扉」と位置づけた。黄金があふれ、巨万の富を奪取できるインドへの侵攻を宗教的使命感により正当化しつつ、略奪を繰り返したのである。初期のアラブ人支配者は富の収奪において巧緻で間接的であったが、一〇世紀末のトルコ系ムスリムは直接的かつ暴力的であった。どちらにしろ、インドの富の獲得を目的としたムスリムによる攻撃は、領域的な拡大には成功しても、インド民衆への信仰の拡大には、ほとんど寄与しなかった。

しかしインドには、侵略者としてのムスリムとは別に、イスラム神秘主義（タサウウフ）を実践するスーフィーによる地道な布教という、もう一つの流れがあった。そして、政治的・経済的な欲求を原動力とした野心家のムスリムと、宗教的な情熱を持ったスーフィーは、いわば車の両輪のような関係で、インド亜大陸におけるイスラムの拡大を担ってきた。時には対立しつつも、同じ目的に向かい、結果としては相互に補い合った。

異宗教との共生の道を開拓したのは、スーフィーたちの知的努力の賜物であった。他のイスラム地域では異端としてしばしば弾圧の対象となってきたスーフィーたちだったが、インドにおいては歴史の表舞台に立って、むしろイスラムの拡大に大きな役割をはたした。スーフィーには、ヒンドゥー教や仏教などの根底に流れる神秘主義思想と共通性があった。またスーフィーたちの真摯な修行の実践も、インド民衆の心を確実に摑んだ。

少数派のムスリムと多数派ヒンドゥー教徒との宗教的な妥協（融和共生の思想）、それは正統イスラムの教義からは困難だったが、教条的な教義の解釈にこだわらないスーフィーは、イスラム教の基本は維持しつつも、多神教徒と共生する可能性を見出す、そのぎりぎりの領域を開拓したのだった。特に仏教徒や低カーストのヒンドゥー教徒の改宗に大きく貢献した。

その後、このインド化したイスラムは、もともとインド文明と深い関係にあった東南アジア地域に広く伝播し、現在のインドネシアやマレーシアなど東南アジア地域のイスラム化の原動力となったのである。

†地域経営を考えた征服

イスラム勢力によるインド侵攻と定着、支配の一二〇〇年の歴史において、初期のアラブ人と、一〇世紀以降の中央アジアからのトルコ系（チュルク系）ムスリムとでは、思想的にも政治・軍事的にも大きく異なっていた。

ムスリムによるインド支配の先鞭を切ったのは、シリア総督ハジャジ（六六一年〜七一四年）であった。彼は、幾度かのインド遠征に失敗したのち、ウマイヤ朝第六代カリフ・ワリード一世（在位：七〇五年〜七一五年）を説得し、海賊退治の名目でシンドおよびインド征伐に聖戦の許可を得た。ハジャジは、宗教的な純真さと政治的な狡猾さを備えた典型的な初期のムスリム指導者だった。

以下、インド・イスラム最古の文献とされるシンドの歴史書『チャチュ・ナーマ』の記述をもとに、簡単に紹介しよう。同書は西インドを支配し、六二二年頃滅んだラーイ王朝の滅亡に関する記述に始まり、西暦七一一年のムハンマド・カーシム率いるイスラム軍の西インド支配達成を記録する文献である。現在はペルシア語で伝承されているが、元はアラビア語で書かれていたとされる。

ハジャジは海軍を派遣し、また娘婿である一七歳のムハンマド・カーシムにシリアとイラクの混成大部隊を任せた。カーシムは、シーラーズ（現在のイラン南西部）経由でシンドおよびインド征伐へ向かった。カリフの命を受けたカーシムの遠征軍は、七一〇年、六〇〇〇騎馬とラクダ隊など約一万の兵士を率いてペルシアを縦断し、七一一年にシンドの大都市デバル（カラチ）の攻略にとりかかる。ここはシンド最大の都市であり、古来の貿易港として名高かった。

『チャチュ・ナーマ』は、デバルの偶像寺院を次のように伝える。

そこはドーム状の屋根が据えられていて、緑色の絹の旗が掲げられていた。偶像寺院の高さは四〇ゴズ（約四〇メートル）、そのうえに建てられた大きなドームはさらに四〇ゴズあり、長い旗とその柱も同じ長さであった。カーシム軍がデバルを包囲すると、城から抜け出してきた占い師（バラモン）が、自らの命の保証を条件にデバル攻略法を教えますと、命乞いにやってきた。そして「あの寺院を破壊することである」と進言した。

カーシムはその言葉どおりに、カリフから借り受けた投石器で寺院を攻撃した。シリアから五〇〇人の兵によりロープで引かれて運ばれた投石器は寺院を破壊することに成功する。しかしカーシムは住民の保護命令を出さず、三日間におよぶ大量虐殺を行った。デバルの戦士の中には、命請いのためイスラムへ改宗する者も出現した。

『チャチュ・ナーマ』に、このデバル攻略で手に入れた戦利品の詳しい記録はないが、民衆が供出した金銀貨幣はもとより、ダイヤモンドなどの宝石が山のようになったと伝えている。また、王女以下女官など四〇〇〇人も戦利品として、カリフの元へ送られたと記録している。

このシンド地方の遠征により取得したであろう莫大な財宝を推定させる記述は、スーフィー思想に大きな影響を持ったムルタン（パンジャーブ）寺院の侵攻（七一二年）の部分にある。

ムルタンにはヒンドゥー教の神スーリヤ（太陽）を祀る寺院があった。中国の求法僧・玄奘三蔵もその壮麗さを紹介している寺院である。ここに秘蔵されていた膨大な宝石や貴金属をカーシムは奪取した。その記述によれば、この太陽寺院からは、二三〇マン（一マンは一二キロとも大人一人の重さ＝約六〇キロともいわれる）の黄金製の神像があり、さらに地下からは、四〇個の銅製の壺に入った一三二〇マンの黄金や宝石を得た。さらに、おびただしい宝石や真珠、銀貨などの押収品の総額は、遠征費の一〇〇倍近かったとされる。ここからインドが「黄金への扉」といわれるようになった。

カーシムは多くの戦闘員を殺害したが、一般人は、カーシム軍に反抗しないことと、財産の供出を条件に免責した。カーシムは、その後の地域経営のことを考えて、以後の征服は極力戦闘回避の戦略をとった。

†イスラム的な寛容思想

カーシムは、デバルからインダス川中流のムルタンまで多くの都市を攻略し、莫大な戦利品を得たが、一〇世以降のトルコ系侵略者のような暴力的な略奪は極力控えた。ヒンドゥー教の信仰を許したのは信仰に税をかけることで、さらなる富を得ることを目論んだからである。これがイスラム的な寛容思想（ガファァラ）である。ガファァラは、イスラム教から多神教徒への極めて過酷な対応に対して、一種の抜け道となる思想である。

ガファァラは、『コーラン』の二章一〇九節などに見られる言葉だが、その意味は、なにごともなかったように包み隠して気にしないこと、許すこと。地上にあるいろいろなもの

（不都合な存在など）が、あたかも砂によって埋め尽くされ見えなくなるように、たとえカーフィル（多神教）のような罪深い存在がいたとしても、彼らを見て見ぬ振りをすることで砂一面になり、その存在はなかったかのように、この世がムスリム一色となる。これがイスラム寛容思想である。被征服者たちの信仰を、そのまま続けることを許す、まさに「太っ腹の寛容」なのである。

カーシムによる侵略が、インド史において最も早いイスラム侵攻の記録である。初期のイスラムが信仰の強制よりも富の収奪を優先したために、結果としてヒンドゥー教の信仰は守られた。

虐殺や略奪はあっても、寛容さも見せた初期の侵攻に比べて、一〇世紀以降に中央アジアやアフガニスタンのトルコ系ムスリムが本格的にインドへの侵入を開始すると、このガファラの伝統は、もろくも崩れて行った。ここに、今日にも通ずるヒンドゥーとイスラムの根深い社会的対立の最大の原因がある。

†中央アジアから攻めてくる王朝

ガファラの伝統を破り、まさに暴力的な富の略奪へと大きく舵を切ったのは、トルコ系イスラムのガズナ王朝（九五五年〜一一八七年）のマフムード王（九七一年〜一〇三〇年。

在位：九九八年〜一〇三〇年）である。彼は生涯に一七度、富目当てインドに侵攻した。その都度、甚大な被害を北部・西部地域にもたらした。

特に知られているのは、一〇一五年〜一〇一六年に行われたパーシュパタ派（シヴァ派の一派）のソムナート寺への略奪である。ソムナート寺は、国内外の貿易で富を得たグジャラート商人の支援を受け、その繁栄を誇っていた。マフムード王は、この時バラモンはじめ五万人を殺戮し、シヴァ神の神像は、その権威を辱めるために、一部がバクダート（現在のイラク）に運ばれて、寺院の踏み石になったといわれる。

この時収奪した金品は、三〇〇〇頭の馬やロバで運ばれたとされる。彼のインド侵攻により約七五万人のインド人（青年男女、子ども）が奴隷として、ガズナ（現在のアフガニスタン）に連行され、世界中に売りさばかれたことは、インドにおいていまだに語り継がれる事件である。歴史学者のロミラ・ターパルの研究では、この人数に関しては誇張があるとされるが、マフムード王がインド侵略から帰還すると、奴隷市場の値段が暴落したと伝えられるほど、多くのインド人が捕らわれて売られた。

デリー・サルタナットの時代（一二〇六年建国の奴隷王朝マムルーク・スルターン朝から一五二六年滅亡のローディー朝まで、北インド一帯を支配したイスラムの五王朝の三二〇年間。またば、その後のスタール朝とムガル帝国まで）の、イスラムの帝国による略奪と破壊はすさまじいものがあった。その攻撃はヒンドゥー教だけでなく、仏教、ジャイナ教、さらに、すでに根づいていたイスラム教さえも含み、仏教のインドにおける消滅の直接原因となった。

中央アジアの覇者ティムール帝国（一三三六年～一四〇五年）の軍が、デリーを攻略した後は、そのあまりの激烈さで、以後デリーは数十年間廃墟となったほどであった。

総じてアフガン経由のトルコ系ムスリムの侵入者たちは、インドの富を目指して戦争を繰り返し、略奪を繰り広げた。その行為は、最終的にはイギリスのインド支配に代わるまで及んだ。

しかし、ここで注意しなければならないのは、たとえば、インド側資料では凶悪至極のマフムードが、ムスリム側から見ればイスラム文化を繁栄させ「宗門の後見人」と呼ばれる人物であり、ペルシア文学の精華と称えられる『シャー・ナーメ』も、彼の文化振興の成果であったという事実である。つまり、インド側では最悪であっても、イスラム側では英雄と評される、歴史的な事実が見方により正反対の理解となる点は、インド宗教の歴史においては特に顕著である。ともあれ、インドへのイスラム教の拡大は、暴力への屈服や権力者による強制改宗が少なくなかった。

しかし暴力ばかりではない。スーフィーによる地道な宗教活動が、イスラム教とヒンドゥー教との共生、一神教と多神教の共存、スナム（偶像）禁止と偶像崇拝の平和的関係が、必ずしも不可能ではないことを示したのだった。インドでもスリランカでも、ヒンドゥー教や仏教と、イスラム教が互恵関係を維持した時代がある。神学的には超えがたい壁を、神秘体験をもとに乗り越えたスーフィーたちの存在が、インド・イスラム理解には重要である。

†多神教と共生するスーフィズム

スーフィーの、インドにおける系譜を概説しておこう。

最初期のインド進出については不明な点が多いが、初期イスラム神秘主義者の一人であるハッラージュ（九世紀〜一〇世紀）は、インドとスーフィズムを結ぶ重要な存在である。一〇世紀頃のスーフィズムは、まだ思想的には未確定の状態であったが、ハッラージュはスーフィズム思想の形成に大きな役割を果たした。彼は、ペルシア各地を巡礼した後に、八九七〜九〇二年にかけて、西部インドや中央アジアなどの、ヒンドゥー教や仏教が優勢地域を巡錫《じゅんしゃく》し、思想的に大きな影響を受けたとされる。

このハッラージュは、インドからバクダットに帰還後、有名な「アンナ・アルーハック（「我は真実なり」あるいは「我は神なり」）」という言葉を発し、初期のイスラム世界のみならず、後のイスラム思想に計り知れない衝撃を与えた。

当時のイスラム聖者たちは、その言葉のあまりに大胆なことに驚き、撤回せねば命を奪うと迫ったが、頑として自らの説を曲げなかった。ハッラージュはついには火刑となった。一般にイスラム世界では、いかなる罪人も生命を奪われたのちは神の裁きを待つべく、その後は所定の作法で葬られるのであるが、しかし、彼の遺体は罪の深さを確定するために徹底的に焼き捨てられたのであった。ハッラージュは、神の裁きを待つまでもなく、地獄の業火に焼かれる刑を受けたのである。

ハッラージュがこのような神人合一思想に行き着いた背景には、グノーシスの二元論があったといわれるが、筆者はインド思想、つまり「梵我一如」を説くウパニシャッドもしくは、修行により仏になるという仏教思想の影響があったと考えている。

特に、彼が逗留した西インドのムルタンや、仏教などが盛んであった中央アジアの諸都市において受けた影響は、注目されていいのではないだろうか。なぜならグノーシスの影響を受けたスーフィーはハッラージュ以後も多々いるが、彼のようにインドを訪れた聖者は多くはない。彼のように、イスラムの宗教タブーを乗り越えてしまったものは、ほとんど知られていない。やはりハッラージュが、インド的な思想の支配する地域を訪れ、宗教的な影響を受けたということが、イスラム思想のタブーを破る思想を展開できた理由であろうとことは、無理のない推論であろう。

さらにいえば、中央アジアで盛んとなり、その後のインド・イスラムの定着に大きく貢献した東方のスーフィズムは、その思想の形成段階で、インド思想や、中央アジアで盛んだった仏教、ゾロアスター教の融合により形成されたことが、大きな要因であるといわれている。というのもインドで活躍したスーフィーには、インド古来の宗教思想と共通する言動や思想があり、インド民衆がイスラムの教説を受け入れやすかった点は少なくなかったからである。ちなみに、スーフィズムには、主にセム族の宗教的な伝統を強く受けた西側スーフィズムと、仏教やヒンドゥー教の影響を受けたスーフィズムの二つの流れが存在するが、東方スーフィーの研究はまだ緒に就いたばかりである。

いずれにしても、ハッラージュの思想は、スーフィーに確実に受け継がれ、インドのイスラム化に大きな貢献をした。イスラムとヒンドゥーの融和共生思想を尊重した初期のムガル帝国において、ハッラージュは高く評価された。スーフィズムは、ベンガルから海を越え東南アジアの、特にインドネシアのイスラム化に計り知れない影響を与えた。

†スーフィーの融和思想とイスラムの拡大

インドへのイスラムの正式伝播は、前述のとおり七一一年と早かった。バラモン教と仏教の地インドへの侵入は、武力による軍事支配からはじまった。その後も、一〇世紀末から本格化するアフガン勢力の熾烈な殺戮や宗教弾圧によって、ムスリムとヒンドゥー教徒との間の溝はなかなか埋まらなかった。

しかし、一二世紀頃からインドに本格的に進出してきたスーフィーの地道な努力が、本来開放的で融和的なヒンドゥー教徒の心を開くこととなり、両者の間には徐々にではあるが、融和・共存の風潮が生まれた。

大多数のスーフィーは、特定の政治権力と結びつくことを嫌い、信仰と宗教生活をともにする少数団を形成し、ひたむきにファナー（神への愛、神との合一）を目指して修行に打ち込んだ。このスーフィズムの集団をタリーカと呼ぶ。タリーカは、精神的指導者であるシェイフ（長老、知識人、賢人、教師などをさす）を中心に形成され、その組織は極めて弾力的であった。時にはヒンドゥー教の苦行や修行者が、このタリーカに加わったり、逆にヒンドゥー教の修行者集団にスーフィーが加わったりすることもまれではなかった。ヒンドゥー教の聖地（というよりもむしろインド文明の修行者の聖地）ハリドワールなどには、多くのヒンドゥー教修行者に交じり、苦行を行うスーフィーもいた。

ここで、注目すべきことは、インドへのスーフィーによる布教活動が主に中央アジアやアフガンという、かつて仏教を通じてインド的な精神性や文化が花咲いた地域の出身者によって支えられた、という事実である。人口における劣勢というハンデがあるイスラム教にあって、スーフィーがヒンドゥー教徒との共生を実践してこられた背後には、実は彼らの基礎的な部分に、インド的な要素がインプットされていたからである。インドの民衆とスーフィズムとの思想的な通奏低音が、厳格イスラム神学的解釈に柔軟性を生み出すことを可能にしたのではないだろうか。

スーフィーは、人間の知的可能性への旺盛な好奇心と、苦行などの宗教行為の尊重という思想を発達させていた。ヒンドゥー教の国インドでは、スーフィーへの強い関心と共感を生むのには大変有効であった。スーフィーは、個人的に強い信仰心を持ちながら教条的でなく柔軟に、ヒンドゥー教と宗教的な境地を共有できたのである。それは、力による布教よりも、効果的な活動であった。後には、ムガル帝国の第三代アクバル帝のように、自らもスーフィーであった為政者が、ヒンドゥー教との融和政策を積極的に執った。

多くのムスリム指導者が軍事力や強権を用いイスラムの論理を強要したのに対して、スーフィーは純粋な信仰心から起こる自発的な活動として、異教徒のただ中に入り込んだ。そして彼らは、宗教者としての人格的な魅力と、時には験力《げんりき》や呪力を用いて異教徒の庶民を惹きつけ、農村のイスラム化に貢献した。

†スーフィーの教団組織化

時代が下ると、スーフィーも教団として組織的に活動するようになっていった。インド・イスラムにおける最初のタリーカ（スーフィー教団）は「チシュティー教団」と「スフラワルディー教団」である。

チシュティー教団は、ムイーヌッディーン・チシュティー（一一四一年〜一二三〇年または一一四二年〜一二三六年）が、一一九六年にインド西部アジュメールに定住し布教したことを嚆矢とする。デリーでは、弟子のクトゥブ・ウッディーン・アイバク（一一五〇年〜一二一〇年）が活躍した。

チシュティー教団にはババ・ファリドことシェイク・ファリドウッディーン・シャカルガンディー（一一七三〜一二七六）がいる。ババ・ファリドは一〇〇歳近い天寿をまっとうしたとされ、スーフィーのみならずヒンドゥー教徒からも、バクタ（バクティ信者）として一目置かれる人物であった。また、シク教の聖典『グラント・サーヒブ』にもその言葉が多数収録されている。ババ・ファリドの弟子のニザムウッディーン・アウリヤー（一二三八年〜一三二五年）は、中世インド最大の詩人のアミール・ホスローにも大きな影響を与えた。チシュティー教団はこうして拡大したが、一六世紀には衰退した。

一方、スフラワルディー教団は、ババウッディーン・ガザリヤー（一二六六年没）によりインドにもたらされた。彼の教団は、政権に積極的に近寄り力を得たが、ティムール帝国のデリー攻略（一四世紀末）で打撃をうけて衰退した。

安定したイスラム王朝ムガル帝国が成立すると、第三代アクバル帝は、自らもスーフィー行者として活動し、スーフィーを重用し、ヒンドゥー教との宥和政策を積極的に実行した。そのためにムガル宮廷はスーフィー教団の様相を呈した。アクバル帝は「ディーニ・イラーヒー」（神聖宗教）と呼ばれる習合宗教を自ら立教したともいわれている。

以後、第六代皇帝のアウラングゼーブ帝による正統派イスラムへの反動回帰まで、ムガル宮廷はスーフィー的な寛容精神によるイスラム・ヒンドゥー融和文化が大いに隆盛した。また、ナクシバンディー教団やカーディリー教団というタリーカが勢力を得た。

カーディリー教団は、ムガル帝国第五代のシャー・ジャハーン帝の皇太子であったダーラー・シコー（一六一五年〜一六五九年）に信奉されヒンドゥー教との融和に貢献した。ダーラーはヒンドゥー思想に造詣が深く、『ウパニシャッド』聖典を多数ペルシア語に翻訳した『ウプネカット』は重訳され、西洋の多くの思想家に影響を与えた。

しかし、ダーラー・シコーの融和思想は、王位継承争いに勝利した弟のアウラングゼーブ（一六一八年〜一七〇七年）により、ことごとく否定された。しかし、正統派イスラムを捧持《ほうじ》したアウラングセーブ帝の、極端ともいえるイスラム主義政策は、結果としてムガル帝国崩壊の大きな要因となった。ムガル帝国は急激に衰退し、政治世界でのスーフィーたちの活躍は減退した。ヒンドゥー教徒による反乱が頻発したが、民間信仰レベルにおいては、スーフィズムの影響力は引き続き拡大した。

†民衆のスーフィー

大教団に属する高名なスーフィーたちはいわばエリートであり、政権から庇護を直接間接に受ける存在であったが、庶民活動家としてのスーフィーと、同じく庶民活動家のヒンドゥー教の神秘主義者バクタとは分かちがたく融和していた。シク教の開祖ナーナクも、機織り職人として生きたことで有名なムスリムのカビール（一四四〇年～一五一八年頃）もスーフィーと同様の活動を行っており、スーフィーとは共鳴関係にあった。シクの聖典『グラント・サーヒブ』に、ヒンドゥー教のバクタの言葉が収録されているのは、スーフィーと共通点が多いためである。

もちろん個人の自発的な動機の背後に、宗教的な情熱のみならず時の政権のバックアップを利用しつつイスラムの布教活動に勤しんだ個人や教団が存在したことも事実である。しかし、いまに伝わる彼らの活動の多くは、民衆の中に積極的に入り込み、ムスリム、ヒンドゥー教徒を問わず、彼らの生活に寄り添った姿が、インド・イスラムの増加に大きな役割を果たしたことは重要である。

また、先にも触れたように、インド・スーフィーの担い手の多くが、かつて仏教が盛んだった中央アジア出身者とその子孫であり、彼らのイスラム理解の中には、インド的な要素が少なくなかったことも、インド布教の成功の要因だと考えられている。

†スーフィーの諸宗教共生の思想

最初のタリーカであるチシュティー教団について、もう少し見てみよう。チシュティーはアフガニスタンの、現在の地名でいえばチシュト（Chisht）に本拠地を置いた、インド独自のスーフィー教団である。チシュトは、かつて仏教徒の町であったが、ユダヤ教徒、マニ教徒、そしてムスリムへと、その居住者の宗教が変わった。この地は、イラン文化圏とインド文化圏との中間点に位置し、それゆえにイスラム化したのちにも、異教的な雰囲気が色濃く残る土地であった。

アフガニスタンの北部、アムダリヤ川上流の要衝の都市バルクは、古来中央アジアの仏教の中心地であった。この地は、古くは布教を決心したゴータマ・ブッダに最初の供養をした二人の商人と結びつけられていたし（バクトリアとインド東部オリッサを往来していた）、玄奘三蔵の『大唐西域記』にも、中央アジアにおける仏教の中心地（トカラ国の首都）として紹介されている。

実は、このバルクの支配者であったバルマク家は、玄奘の帰還後、いち早くイスラムを受け入れた。このバルマク家の改宗が、中央アジアにおける仏教国のイスラム化を実質的に決定したとされる。この一族は、のちにバクダッドにおいて重用され、親子三代にわたりカリフの重臣を務めた。このバルマク家の人々がイスラム文明に仏教を持ち込んだことから、イスラム文化に仏教の影響がみられるようになった（第七章で詳述）。特にシーア派には地理的な重複もあり、その影響が強いという指摘がある。

いずれにしてもスーフィーは、暴力的なムスリムと一線を画していた。中央アジアの初期イスラムは、その近しい祖先が仏教徒やゾロアスター教徒であった。それらの融合文明の中で育った人々であったがゆえに多神教的な精神を保持しており、インド文明に共通点も多かった。この傾向は、よりインド寄りのアフガニスタン出身のスーフィーであればなおさらである。

チシュティー教団は、そのような歴史的土壌のうえに成立したのであった。この教団は九世紀頃には存在していたが、それがよく知られるようになったのは、ババ・ファリドによる目覚ましい活動からである。ファリドの祖先は、現在のアフガニスタン・カブールの出身であったが、戦火を避けて移住したラホール近郊で生まれた。ババ・ファリドの母は、彼の思想形成に大きな影響を与えたが、その最たるものは、修行と清貧であったとされる。彼の母の伝記はつまびらかではないが、彼女の思想にインドのヨーガ行者、あるいはバクティの修行者の教えに通じるものがあったという指摘は、多くのイスラム研究者も認めるところである。

ババ・ファリドの後継者ニザム・ウッディーン・アウリヤーは、ヒンドゥーの聖者と広く交流し、その影響を強く受けた。その一方で、アウリヤーは、ヒンドゥー教徒への働きかけを積極的に行い、イスラムとヒンドゥーという二つの宗教の教条主義的な対立を超えて、両者の宗教の違いを認めつつ、究極的には異なることがない、あるいは目指すものは変わらないという意識を醸成するまでにいたった。一四世紀初頭のことである。

先人たちの後継者であるスーフィーは、ヒンドゥー教との共生を模索する思想運動を推し進めた。もちろんスーフィーといえども、イスラムの優位性を疑うことはなかったが、しかし対立を超えて、イスラムとヒンドゥーの融和的な共生思想を説くものが現れた。同じ時期にヒンドゥー教内で盛んであった神秘主義運動がバクティ運動であり、バクティの行者とスーフィーは、神秘主義的という点で宗教を超えた深い共通性を持っていた。その代表が職人ムスリムのカビールやシク教開祖ナーナクからであった。彼らは、ムスリムからは偉大なスーフィーの師（シェイフまたはピール）と呼ばれ、ヒンドゥー教徒らからはグルと呼ばれる存在となった。

†ムガル皇帝アクバルのスーフィズム

ヒンドゥー・イスラム融和文化は、スーフィーによるイスラムからのヒンドゥー教への理解と歩み寄り、そしてヒンドゥー教徒本来の寛容さが融和した結果である。そして、政治的にバックアップしたのは、ムガル帝国第三代皇帝のアクバル（在位：一五五六年〜一六〇五年）とその子孫たちである。

カビールやナーナクが没してから一、二世代後にムガル皇帝となったアクバルは、彼らとも異なる独自のヒンドゥー・イスラム融和思想を取り入れた。融和をさらに進めた融合思想ともいうべきアクバルの視点は、単なる抽象論に終わることがなかった。現実の政治・社会政策に展開し、既存の諸宗教をイスラムと同等視した寛容政策であった。

既述のように、インドには宗教的差異を超える神秘主義思想の伝統が、その底流に存在し、その伝統はインドのムスリム世界においても無理なく受け入れられた。自らもスーフィーとして宗教的な体験を持っていたアクバル帝は、その思潮を宗教的のみならず政治的にも文化的にも、積極的に展開する。その結果、ヒンドゥー・イスラム融合文明が、ダーラー・シコー(一六一五年〜一六五九年、第五代シャー・ジャハーン帝の皇太子)までの約一〇〇年間、ムガル宮廷を中心に花開いた。そこでは、イスラム教とヒンドゥー教、キリスト教、ユダヤ教、パールシー(ゾロアスター教)、ジャイナ教の各宗教が、同等に扱われ、豊かな文化が花開いた。

†アクバル帝の宮廷文化

神秘主義者のアクバル帝だったが、最初からスーフィーだったわけではなかった。それゆえに一般のイスラム王の如く、その最初期においては必ずしも諸宗教の融和を重視しなかった。彼の変化は、一五六〇年頃から徐々にはじまったようだ。アクバル帝はスーフィー聖者シェーイーク・サリム＝チシュティー(一四七八年〜一五七二年)から強い影響を受け諸宗教の寛容へと大きく変貌してゆく。

一五七〇年代の中頃より、アクバル帝の宗教政策は、権威化し教条的な正統イスラムを廃して、宗教的寛容を目指すスーフィー的傾向が明らかになる。

アクバル帝は一五七五年に教条主義的なイスラムの聖職者たちを排除して、イバダード・ハーナ(信仰の家)を建設した。アクバル帝はここを霊性の構築のために提供し、智の柱が高々と出現したと評した。そして、一五七九年にはイスラム至上主義への反省を込めて、諸宗教融和を旗印としたディーニ＝イラーヒー（神聖宗教）を始める。神聖宗教は、信仰の家で一五七五年以来続けてきた諸宗教との対論を通じて、アクバル帝が辿り着いた結論であった。

アクバル帝の寛容さと神の影を明らめる（帝の）探究心によって、信仰の家にはスーフィー、哲学者、法学者、法律家、イスラム教スンニ派、イスラム教シーア派、ヒンドゥー教のバラモン、ジャイナ教徒、チャールヴァーカ、キリスト教徒、ユダヤ教徒、パールシーなどが集い、一同に会して議論を行う厳かな宗教的雰囲気が形成された。

このアクバル帝の政策については、さまざまな批判もなされている。しかし、彼の融和思想が単なる思い付きや政治的なテクニックによって導き出されたものでないことを物語るエピソードがいくつもある。

アクバル帝との面会にシク教の共同食堂ランガルを指定したことを第四章で紹介したが、それは一五六七年のことであった。年齢、職業、階級、性別、宗教を問わず、シク教の教えに共感する者が、まず食事をともにするという教えに由来するが、差別社会であるインドにおいては、革命的なことであった。

前述のとおり、この申し出に皇帝の臣下は当然ながら激怒したが、アクバル帝は、一弱小教団の教主ではあるが神秘主義思想家として名をなしていたアマルダースの言葉に従った。伝えられるところでは、アクバル帝は同席する乞食たちと、粗末な食事をとったといわれている。しかも、アマルダースの思想に共鳴したアクバル帝は、彼にアムリッサル（現在のパンジャブ州）にあたる一帯を与えた（売却したという説もあるが）のである。それがシク教団の躍進につながり、後に総本山のゴールデンテンプルが建つシク教の聖地となった。

アクバル帝が建設した新首都ファテープル・シークリー（ウッタルプラデシュ州）には、彼の諸宗教・文化融合という理想が具体的な形となって現れている。建設した宮殿にイスラム建築の象徴ともいえるドームやアーチはほとんど用いられず、ヒンドゥー教や仏教の建築様式である木組みを思わせる柱や梁、傾斜した屋根が、すべて石を素材につくられた。また、ディワニ・カース（貴賓謁見の間）には、諸宗教・文化の融合を象徴する柱を建てた。建物の中央に建つ柱には、各宗教文化を象徴する模様や形が彫りこまれ、それが巨大逆円錐形のヒンドゥー様式の待ちうけ式の梁で支えられる形となっている。アクバル帝はここで謁見に訪れる貴族らを睥睨《へいげい》したのであろう。

アクバルは身分の上下、宗教の如何を問わず、道を求めるのに真摯であり、すべての宗教に寛容で、異なる思想に対しても謙虚に耳を傾ける思想家であった。彼はヒンドゥー・イスラム融和・融合思想の流れをうけ、当代一流のスーフィーとして、さらにそれを一歩進めようとしたのである。

アクバルの思想は、シカンドラ（ウッタルプラデシュ州アグラの郊外）の彼の墓所でも証言されている。アクバル廟には、世界の宗教を象徴する意匠が使われ、それらが見事に調和している。筆者は、アクバル廟を訪ねた時にその装飾に驚いた。内陣も、ヒンドゥー寺院と見まがうような設計となっていたことに感動を覚えた。さらに、密教系の仏教寺院のしつらえにも近似している。筆者は、かつて御所にあった皇室の仏間（御黒戸）が移築された京都・泉涌寺《せんにゅうじ》海会堂《かいえどう》の内陣の雰囲気とも類似性を感じ、驚いた次第である。

ダーラー・シコーの融合思想

インド・イスラム思想の独自性は、ムガル帝国第五代のシャー・ジャハーン帝の皇太子ダーラー・シコーによって、さらに高度に展開された。彼は、ムガル宮廷を代表するスーフィーでもあった。

ダーラー・シコーは、ムガル皇太子として、政治の中に寛容の精神を反映させた。彼は文化事業にも熱心であり、サンスクリット語からペルシア語に翻訳させたウパニシャッド文献『ウプネカット』が、後にラテン語訳されてヨーロッパの知識人に大きな影響を与えたことは既述のとおりである。ダーラー・シコーは、特にヒンドゥー教の諸聖典の翻訳事業を通じて、神秘主義思想を極めた。ある意味ではヒンドゥー教の聖者バーバー・ラールの感化を受けたバクティ行者バクタのような立場から、ヒンドゥー・イスラム両教の融和を思想的に試み、まとめたのが彼の代表作である『二つの海の交わるところ（マジマルーダフリン）』である。

ダーラー・シコー自身が書いた同書の前文では、執筆の経緯と書名の由来が記されている。ダーラー・シコーは、真実の中の真実を悟り、スーフィーの真の宗旨（教えの根本）の素晴らしさに目覚め、偉大で深遠なるスーフィーの英知を悟った後に、インドの一元論者たちの教義を知ろうと強く願ったと、その動機について解説する。

インドの学者たちと交流したダーラー・シコーは、インドの宗教における神の聖性について議論を繰り返した。学者たちは、宗教的な訓練と知性と洞察において最高に完成された境地に到達した者たちである。ダーラー・シコーは、インドの宗教者が捜し求め獲得した真実について、「言葉」以外にその違いを見出すことができなかった。その結果、二つの宗教（集団）の考えと諸テーマを集め、真実を求める人に有益な基本的知識を供給する冊子とし、これを名づけて『二つの海の交わるところ』としたのだという。

ダーラー・シコーは、この世界が神の顕現であり、人間は神の本質のミクロコスモスであるという、ウパニシャッド的な世界観に強い共感を示したのである。彼は、調息やヨーガ的念想を説き、生前解脱さえ認めた。そのうえで彼は、イスラム教とヒンドゥー教との共存が社会的、文化的はおろか宗教的にも可能であるという考えにいたるのである。このことは、イスラム教の寛容性を最大限引き出したインド・スーフィーの知的営みの極致ということができよう。

†ムガルの衰退と西洋インパクト

多数派のヒンドゥー教徒との融和策を通じて平和な社会を構築し、世界屈指の帝国を築いたムガルの国力低下は、第六代のアウランガゼーブ帝の厳格なイスラム回帰政策に要因があったとされるが、その社会的背景には、ムガル朝下の平和において勢力を拡大したシク教徒やヒンドゥー地方勢力の台頭があった。異教の台頭と、非妥協的なアウランガゼーブ帝の厳格主義政策が共振する形で、イスラムの大帝国ムガル帝国は急速に衰退し、アウランガゼーブ帝の死後、事実上瓦解した。

イスラム圏で最強の帝国だったムガル帝国の凋落、そして異教の国イギリスのインド支配という現実に、ムスリムは大きいに落胆し、自己の救済に専念する消極的な信仰形態へと沈潜していった。

このため一八世紀以降のインド社会をたとえるなら、ぶちまけられたジグゾーパズルのような様相を呈した。ジグソーパズルの個々のパーツは、宗教や言語などの違いにより分断されており、インドを統《す》べる気概は、イスラム教側にもヒンドゥー教側にも生まれなかった。その間隙をついて、イギリスが個々のパーツをつなぎ合わせてインドを支配するにいたった。

ムガルの支配回復のためにイスラム系の藩王などを糾合して、イスラムのウンマを異邦人のイギリスから守るというような運動を起こす者はいなかった。わずかにセポイの反乱（インド大反乱、第一次インド独立戦争）時の一八五七年に、形ばかりの皇帝であったバハードゥルシャー二世を「ヒンドゥスターンの皇帝」に担ぎ上げ、イギリスに宣戦布告するという反抗の姿勢を見せたが、統一的な活動はできなかった。インドはイギリス領インド帝国として植民地化され（一八五八年）、これ以降のインドは、宗教的にも民衆意識としても沈滞していった。

インドのムスリムたちは、キリスト教徒に植民地化されるという屈辱的な現実に対して、個々人の信仰に沈潜する方向を選んだ。しかしやがて、インド人にイギリス式の近代的な思考が植えつけられると、イスラム教にもサイイド・アフマド・ハーンのようなイスラム社会の改革者が現れる一方で、純粋なイスラム主義によりインド・イスラムの復興を目指すデーオバンド学派の運動などから、徐々にインドのムスリムは覚醒していく。

近代文明に親しんだインド人の中から、独立運動に宗教的な意味を見出すものが現れたというわけである。

†インドとパキスタンの分離独立

「民族の自決戦争」といわれた第一次世界大戦（一九一四年〜一九一八年）後、インドに独立が与えられなかったこと、さらに西洋諸国がイスラムの盟主オスマン帝国（トルコ）を弱体化させるべく中東の民族独立を支援したことは、インド・イスラムを刺激した。

同盟国側の一角として敗戦後弱体化させられたトルコ帝国を擁護する運動として、英領インドでヒラーファト運動（インドムスリムによるオスマン朝のカリフ制維持を掲げた汎イスラム運動）が起きると、これが同時に反英運動に結びついた。つまりヒラーファト運動とガンディーの非暴力大衆運動（サティヤグラハ）の協力体制の確立である。

しかし、オスマン帝国軍人のムスタファ・ケマル・アタテュルク（ケマル・パシャ。将軍、トルコ共和国元帥。一八八一年〜一九三八年）中心のトルコ大国民議会がカリフ廃止を決議（一九二二年）し、近代型のトルコ共和国を建国すると、イスラム共同体（ウンマ）の盟主たるカリフ制も廃止となったことで、インドのヒラーファト運動も急激に鎮静化していき、ムスリムの反イギリス、インド独立運動の機運もしぼんでいった。

その一方、ヒンドゥー教側のナリョナリズムは盛り上がっていった。近代国家は領土、宗教、言語を基礎に建設される国家体制であり、特に宗教は国家建設の基礎となる。ここで新たに、ヒンドゥー教徒とムスリムの分裂が発生する。近代国家の基礎に宗教をすえるあり方が、再び宗教対立のタネとなったのであった。

そのヒンドゥー教徒とムスリムの対立を利用したのがイギリスだった。ヒンドゥー教徒とムスリムの分離独立という議論が現実化したことで、ヒンドゥーとイスラム、両者の宗教的な亀裂を再認識させたのである。

一九四七年、インド共和国とイギリスの自治領パキスタンの印パ分離独立は、近代国家の概念でいえば一つの理論的帰結ではあった。パキスタンの初代総督ムハンマド・アリー・ジンナー（一八七六年〜一九四八年）はそれからほどなくして亡くなった。

†パキスタンに流れ込んだ難民

パキスタンという国名は、イスラム優位の五つの地域（パンジャーブ、アフガニスタン、カシミール、シンドの四地域の頭文字とバローチスタン）を合わせた造語だが、ウルドゥー語やペルシア語で、「清浄・純粋」を表す言葉にも関連している。つまり、パキスタンは純粋なイスラム教徒の国という意味となるわけである。自治領パキスタンは、一九五六年にパキスタン・イスラム共和国として念願のイスラム主義国家の建国を果たす。

一九四七年の印パ分離独立時、インド共和国を挟む形で飛び地のようになった東ベンガル州（一九五五年、東パキスタンと改称）がバングラデシュとして独立した一九七一年、パキスタンを主導していたのは社会主義を標榜するズルフィカール・アール・ブットー（一九二八年〜一九七九年）だった。

ところで、イスラム教と社会主義は共生できるのか、という疑問が生じるが、イスラム教では、いかなる政治体制もイスラム信仰を否定しない限り許される。事実イラクの独裁者サダム・フセイン（一九三七年〜二〇〇六年。大統領就任：一九七九年）も、社会主義者であった。彼はアラブ主義政党バアス党党首であったが、バアスは復興という意味で、正式な日本語名称はアラブ社会主義復興党であった。

ともあれ、パキスタンの有力者ブットーは一九七一年から一九七三年まで大統領、一九七三年から一九七七年まで首相を歴任した。しかし、軍事クーデターで失脚すると、政敵を暗殺した容疑で処刑されてしまう。

この軍事クーデターを主導したのがジア・ウル・ハク（一九二四年〜一九八八年）であった。クーデター以後、パキスタンは急激にイスラム色を強化したが、その背景の一つに、一九七九年のソ連（現ロシア）のアフガン侵攻と、その難民のパキスタンへの流入があった。パキスタンは、無神論者の共産主義国ソ連に対抗する前線基地として、世界中からムスリムが集い、支援を受ける立場となった。

クーデターを牽引したジア・ウル・ハク大統領（在任：一九七八年～一九八八年）が推進したイスラム化は、サウジアラビア政府の協力に頼るところが大きく、結果的にサウジが国教とするワッハーブ派の影響力は、パキスタン内でも強くなった。

ワッハーブ派の伸張は、現在も続くインド共和国との対立を激化させる要因になった。また、二〇二一年に再びアフガニスタンを支配したイスラム原理主義集団のタリバーンは、この時パキスタンで育った難民の子弟が結成したのが主な構成員である。

一方、インド共和国のムスリムは、「最大の少数派」としての地位を確保し、着実にインドの政治にも影響力を維持していった。しかし、一九九〇年代から、インド国内でヒンドゥー至上主義のインド人民党（バーラタ・ジャナタ・パーティー、BJP）が躍進し、政権与党になったのは、本書の冒頭で記述したとおり。このことでインド・ムスリムたちは危機感を募らせている。だが、ヒンドゥー教徒からすれば、一九七一年にインド共和国の人口比率一一・二七パーセントだったムスリムが二〇一一年でも一四・二パーセントと、着実にその人口比を大きくしており、ヒンドゥー・ナリョナリズムを刺激する存在である。

インド共和国の経済発展や、インド独自の多様性（言葉を換えればまとまりの悪さ）が、宗教対立へのエネルギーを、現時点では吸収しており、平穏が保たれている。

†不安定要因としてのイスラム

以上が、インド・イスラムの大まかな流れであるが、最後にもう一つ、インドへのイスラム教拡大に大きな要因となった難民・移民のインド移住という問題を検討しておこう。実は暴力的ではないが、インド社会への負担を大きくする出来事として、中央アジアやアフガニスタンからのムスリムの難民はいまも続いている。その意味で、ムスリムによる中央アジア経由のインド侵入は、歴史の中だけの話ではない。

ソ連によるアフガン侵攻によって転居を余儀なくされたアフガン難民が、パキスタン、インド共和国などへ流入した事実について、筆者の経験も記しておこう。筆者は、インドへ留学した一九八二年からたびたびパキスタンへの出かけ、その実態を目撃した。戦火を逃れ難民化したアフガン人が、多い時には四〇〇万人近くパキスタンに押し寄せ、インドにも多数移り住んできた。

アフガン国境近くのパキスタン・ペシャワール周辺に足を運ぶと、難民キャンプが延々と続いていた。バザールのテントは、八百屋のとなりに衣料品屋、そのとなりに弾倉やロケット砲や手榴弾などが無造作に並ぶ武器屋、並んで肉屋があるというような状況であった。そこは、生と死、日常と戦争が隣り合わせの空間であった。

平和そうに見える難民キャンプであったが、近隣の住民に尋ねると「昨夜大型バスが盗難にあった。いま頃は解体されて持ち去られているだろうが、アフガン難民の苦労を考えると仕方ない」という諦めの声が返ってきた。

また、通り沿いのチャイ屋（日本でいえば、ドライブインの喫茶店）では、若者が肩にかけたライフル銃をショールで隠して、チャイをつくっていた。話しかけると、「ソ連との戦闘で足を打たれて療養中である。また傷が回復したら、故国のために戦う」と語った。もちろん、これはイスラム教やアフガン人の責任ではないが、幾世紀も戦いを強いられてきた地域に、いまも続く悲劇の連鎖なのかもしれないと思った。

当然といえば当然であるが、歴史文献を机上で読み検討することでは得られないリアルな現実、つまり、民族移動やそれに伴う宗教、文化伝播は、現在のインドにおいても継続しているのである。

第七章　仏教盛衰の比較文明学的考察

†インド亜大陸における仏教の衰亡

本書におけるインド仏教は、原則としてインドで発生し、インドにおいて発展、消滅したインド土着の宗教の一つという位置づけである。それは後にヒンドゥー教へと拡大するバラモン教はじめ、ジャイナ教、シク教などと同様、インドの風土から生まれたインド民族由来の宗教だということである。もちろん先に論じたように仏教は、インド的な宗教が持つ民族的閉鎖性から離脱し、インド文明の領域に限定されない普遍的な思考や儀礼（修行法などを含む）を創出した。その意味で、仏教は実質的に人類初の普遍宗教となったが、しかしそれは世界レベルの仏教史の話である。

最後の第七章においては、インドの大地から生まれた民族宗教としての仏教と、その同根異樹であるバラモン教（ヒンドゥー教）、ジャイナ教、シク教などとの比較を通じて、「インド亜大陸における仏教の衰亡」を、比較宗教学や比較文明学の視点から簡単に考察する。

インドにおいて仏教がバラモン教に吸収される形で消滅したというのは第三章で触れたとおりであるが、では、仏教の何が亡んだのであろうか？　つまり、亡んだといわれる対象は何かという点には、検討の余地がある。

†インドに仏教は生きているか

現在のヒンドゥー教の中にブッダが神として生かされている、というようなことをもって「仏教はインドで生きている」とする主張もあるが、その教えや教団が伝承されていることを意味していないことも、すでに第三章で論じた。

以下では視点を変えて、宗教としての独自性という視点から、この問題を論じてみよう。

現代の宗教学の視点では、宗教、特に仏教のような創唱宗教が普遍宗教へと発展したとする要件として、教祖、教団（社会組織）、教義、儀礼等の要素が揃っていることとされている。普遍宗教には、ある意味で当然の要素である。これはキリスト教をモデルに構築された近代的な視点を基礎としているとはいえ、インド宗教世界での仏教の位置づけを考えるうえでは、重要な考え方である。

さて、インド社会に仏教という新興の宗教が独立して生まれたのは、ゴータマ・ブッダの活動による。ゆえに教祖はゴータマ・ブッダということになるが、現在のヒンドゥー教内のブッダの位置づけは、ヴィシュヌ神の化身、つまり補助的神という位置づけであるから、ヒンドゥーに取り込まれた仏教は、独立した宗教であるとはいえない。宗教学の立場からすれば、そういう認識となる。

もちろんインド的な宗教認識で、たとえばヒンドゥー教徒が「ブッダも、その教え（ブッダ・ダルマ）も、ヒンドゥー教内に取り入れられているのだから、仏教はヒンドゥー教の中（あるいはインド社会の中）で生きている」と思うこと自体を無下に否定するものではない。

†仏教の独自性

次に、教団について考えてみる。独自の思想や儀礼により、組織化された信徒集団が教団である。教団の継承には、集団を形成するための核となる独自の思想（教義）がまず必要であり、さらにその集団を維持するための社会的な組織が不可欠である。

創唱宗教は、基本的に教祖の言葉（教え）からはじまる。インドの宗教のはじまりの頃は、いずれも伝承形態として口伝を採用した。インドの主流をなしてきたヴェーダの宗教（後のバラモン教、現在のヒンドゥー教）も、かつては口伝によって師から弟子、親から子へと「教義」が伝承される典型的な口伝宗教であった。

仏教も、最初期は口伝による伝承が行われてきたが、異文明への伝播を重視するようになると、教理やその解説書を文字化し、聖典として重視するようになった。ただし、伝統維持をつらぬく部派仏教では、いまだに唱和による経典の記憶を重視している（スリランカやタイなど）。

教団のいわばエリート集団である僧侶と僧尼の供給体制において、仏教は独自の形態を取っている。ライバルのバラモン教が世襲制であったのに対して、仏教は入信儀礼を通じて、個人の選択とした。仏教の宗教エリートは世襲ではない、というのは裏を返せば、その継承には脆弱さが存在したということでもある。

つまり、社会組織としての教団は、バラモン教では世襲のバラモン階級が「ヴェーダ聖典」の伝承、各種儀礼の継承を有史以来独占してきた。それは現代においても、バラモン階級は村落共同体の各種儀礼と深く結びついているだけでなく、社会的な支配階層を形成しインド文明の基盤を形成する。この社会構造が、インドの宿痾《しゅくあ》であるカースト制度を生み出している。この差別的な身分制度の結果、ヒンドゥー教社会は社会的な安定性を持つ一方で、過酷な不平等社会が継承されている。

一方、インド社会における仏教は、バラモン教の宗教的、社会的な不条理さを改革する役割を担わされた。一切の衆生の平等を説く仏教は、基本的に聖俗分離の形態を根本とする宗教である。つまり、聖職者にあたる僧侶階級は家庭を持たない、子孫を残さない、という意味で組織維持のうえで、大きなハンデを負う。仏教は、出家修行僧集団であるサンガという組織を形成するが、サンガの組織維持に関しては極めて消極的であった。この点はジャイナ教も同じでありながら、仏教のように爆発的な拡大も、急激な衰退もすることもなく現在にいたっている。

仏教は、教団の維持に信徒の独自貢献、つまり布施という任意の関わり方を前提としてきた。一方、ジャイナ教は信者集団を中心に僧侶を支える組織化を断行した。宗教税あるいは信仰税ともいえる徴税システムを形成するほど信徒集団の組織化に熱心であったジャイナ教に対し、仏教は信徒の自発的な寄付（お布施）に頼った。この点で仏教は、森林修行者の伝統を強く残しているといえるであろう。これが仏教の衰亡要因の一つであった点は、注目してよいだろう。

以上がインドにおける仏教の衰亡を論じる場合の注目点である。より正確な検討のためには、それぞれの要素を政治・経済・文化・社会……の領域に分けて細かく検討し、そのうえで改めて総合し、結論を導くということが求められる。とはいえ、そのような厳密な考察は他の機会に譲りたい。

†インドに仏教が誕生した意義

インド社会における仏教は、すでに触れたように、他者に向かって救いの可能性を示したことに、その意義がある。

開祖ゴータマ・ブッダが二度の悟り体験を得て、仏教を開設した頃のインドの宗教事情は、極端な苦行による個人的救済か、バラモン任せの祭儀、祭礼による呪術的な救済が中心であった。その救済は、救いを求めて苦行を実践する修行当事者に限定されるか、儀礼を執行するバラモン階級によって独占されているか、どちらにしても一般民衆は直接関われない閉鎖的な構造であった。

しかし、ブッダ自らの悟り体験をもとにした教えであるゴータマの宗教では、誰でも望めば獲得できるという意味で、真に開放的な構造の救済方法を提示した。この点は、姉妹宗教ともいえるジャイナ教も同様である。

仏教とジャイナ教は、反ヴェーダ聖典であり、抗バラモン教という立場は同じであるが、しかし、既述のようにジャイナ教は仏教のような言葉や思想よりも、かなり厳しい苦行を信徒にも出家修行者にも課した。インドの森林修行の宗教の伝統に忠実であるため、在家信徒の需要に応えることにおいて、ジャイナ教は仏教に及ばなかった。ジャイナ教が仏教のように爆発的な拡大も他地域への伝播もなかったのは、このためである。

逆から見れば、ブッダの第二の悟り体験は「民衆の救済」がその主な動機となっている点で、ジャイナ教と根本的な構造の違いがある。衆生の救済、悟りへの参加を積極的に主張した仏教は、バラモン教では取り残されてしまう人々へ、そのチャンスを与えることで成長していった。その方向に活路を見出した、ということもできる。その結果、バラモン教と社会的な競合関係が生じ、仏教の盛衰要因ともなったことは重要である。

いずれにしても、仏教は開祖ゴータマ・ブッダが、生老病死に代表される苦しみや、葛藤などの心の問題の解決（離脱）を目指したことが、そもそもの動機である。アショーカ王でさえも抱える「心の苦しみ」に応えることができた。ちなみに、ブッダのこの第一の悟り体験は、伝統的な修行集団の延長において得た段階であると筆者は考えている。

†平等思想の役割

かつてのインド社会において、仏教は弱者救済を請け負ってきた宗教である。カースト制度の差別が激しいインドだけでなく、仏教が世界各地に受け入れられた最大の要因の一つであり、現在も世界各地に多様な形で受け入れられている。

弱者救済に関連するが、インド仏教の盛衰を考えるうえでは、その平等思想は重要な要素である。仏教が主張する衆生の平等という思想は、インド社会つまりバラモン教社会において、独特かつ過酷なカースト制度における下層の人々や女性、不満を持つ都市住民、抑圧を受ける商人階級の人々に受け入れられたのと同時に、侵入し定着した異民族の受け皿として機能した。つまり、バラモン教では救済への配慮が不十分な人々である。

インド社会で異民族はムレッチャと呼ばれ、社会的存在を正当に評価されない位置づけであった。もちろん、融通無碍《ゆうずうむげ》のバラモン教であるから、必要が生じれば、異民族もクシャトリヤ（武人）に相当する身分として取り入れることもなくはなかった。インド西端のグジャラート州のラージプート族などはその一例だが、身分の異動にはかなりの時間を必要とした。

外部からの侵入と定着が激しいインドにおける異民族の取り込みは、社会の安定化には不可欠であり重要であった。その多くを仏教が引き受けていたのである。たとえば、ムスリム以前に仏教を激しく弾圧したエフタル（中央アジア系遊牧民族）に関しても、その末裔は仏教徒となった。このように仏教は、たとえ敵対者であっても歩み寄り、彼らを迎え入れ、社会の安定に貢献したのである。

†玄奘が伝えたエフタルの仏教弾圧

第三章で触れたように、グプタ朝を衰退させたエフタルのインド侵攻は、トーラマーナ（生没は不詳）とその子ミヒラクラ（在位：五一〇年頃〜五四〇年頃年頃）の時代に最盛期を迎えた。彼らは鬼神（おそらくはシャーマニズムか、変形したゾロアスター教の神であろう）を信奉し、激しく仏教を毀釈したことで有名である。エフタルは、いわゆるゲルマンの大移動を引き起こしたとされるフン族の一支族であったとされる。

エフタルがこの地域の記録に初めて登場するのは、彼らと交戦したスカンダグプタ王のビタリ碑文の「フーナとの戦いのために団結しよう」であるとされる。フーナとはインドでのエフタルの呼び名だが、この時のエフタルの王がミヒラクラなのか、あるいはその先代なのかは不明である。

年代が確認できる史料としては『宋雲行紀』（法顕、楊衒之）がある（以下は、『洛陽伽藍記』巻五の長澤和俊訳を参照した)。そこには、「正光元年(西紀五二〇年)四月中旬になって、〔宋雲は〕ガンダーラ〈乾陀羅〉国にはいった。その土地もウジャーナ国と似ていた。もとの〔国〕名はゴーパーラ〈業波羅〉国といい、〔その国は〕エフタルに滅された。そこでテギン〈勅懃〉を立てて王とした。国を治めはじめてから、すでに二世を経ていた」とあり、エフタル王朝の歴史がある程度明らかになる。

エフタルによる仏教弾圧について、王は生まれつき凶暴で、殺戮を行うことが多く、仏法を信じないで、鬼神を好んで祭っている。国中の人、つまり元々の住民はバラモン種(この場合は、バラモン教徒のバラモンではなく、宋雲から見た仏教徒)で、仏教の経典を読むことを好むので、急にこのような王をいただいたことは、願っていることとまったく逆であったという(『法顕伝・宋雲行紀』東洋文庫)。

『洛陽伽藍記』によれば、宋雲が会見したエフタル王はミヒラクラであった。先代トーラマーナ王は、少なくともミヒラクラ王の即位年の五一〇年頃より数十年前にガンダーラを征服したとされる。いずれにしてもエフタルは、スカンダ・グプタ王朝の支配地域であるマルワーやグジャラートを四六五年から四七〇年頃に支配下においたらしい。

当時のエフタルは、仏教に対してはまったく理解を示さなかった。むしろ仏教を略奪の対象とし、財物の収奪に関心があったようである。しかし、その子孫たちはそうではなかった。

†エフタルの仏教入信

インド・イスラムの最古の史料『チャチュ・ナーマ』によれば、ラーイ王朝（四八九年〜六三二年）はエフタルの末裔であり、今日のパキスタン中部一帯を支配下に置いていた。ラーイ王朝とミヒラクラの関係は不明だが、五代続いたラーイ王朝では、最後のサハシー二世王の時代には、仏教が信仰されていた。

七世紀初頭西インドを巡錫《じゅんしゃく》した玄奘三蔵が、インダス川の中流域（現在のスックルとムルタンの中間辺り）を訪ねたのが、六三五年から遅くとも六三七年とされる。玄奘はここに二年ほど止まった。

『大唐西域記』では信度国（シンドゥ）について次のように紹介している。「王は戌陀羅（シュードラ）種也、性淳質敬信仏法」。この王は、『チャチュ・ナーマ』にあるサハシー二世（在位：六一〇年頃〜六二二年頃）にあたる（ただし、玄奘の記録と多少矛盾がある点はすでに考察したことがあるので、ここでは指摘するだけにとどめておく）。

サハシー二世は、イスラム史料でも仏教の信奉者であったことがわかる王である。また、『チャチュ・ナーマ』には、サハシー二世のみならず、その王国の諸王（委託統治の形式を踏んでいた）の中にも、熱心な仏教徒がいたことを記している。

ちなみに『大唐西域記』は、信度国の来歴について次のように記している。信度国の人々は気質が烈しく、生き物を殺すことだけを生業とし（つまり遊牧民であったのであろう）、平気で残忍なことをし、残虐なことばかりしていたので、ある羅漢がこれを哀れみ、大神通力により人々を信服させて、彼らを言葉で指導して、喜んで指導を受けるようになった後に、三帰依を授けた。つまり、ある高徳の僧が、信度国の人々に、残忍な行為や殺生をやめさせ、仏教に帰依させたのだという。

この記事から推測すると、中央アジアからカシミール、そしてガンダーラと南下し、西インドに定着したエフタルの子孫は、サハシー二世の先代あるいは先々代あたりから、仏教に帰依していたと考えられる。

もちろん、『チャチュ・ナーマ』からいえることは、サハシー二世とその親戚一同が仏教徒だったことだけだが、玄奘が紹介したエフタル（性質は烈しく、生き物を殺すことだけを生業としているなど）の経緯から、かつて仏教を弾圧した遊牧民の王が、その地に定住する間に仏教を受け入れて、穏やかな民族に変わっていったことが示されている。しかも玄奘の紹介からは、そう遠い昔のことではないことが推測される。彼がここを訪れたのが七世紀前半であるから、おそらく六世紀の後半のサハシー一世のことと推定されよう。

いずれにしても、確実なことはサハシー二世の頃には、この王朝は仏教国であったことであり、それが民衆の間にもすっかり定着して、彼らは熱心な仏教徒になったということである。ただし、実際には玄奘がこの地を訪れる二〇年ほど前に、ラーイ王朝はチャチュ王朝によって倒されてしまっていた。そして、ラーイ王朝を倒したチャチュ王朝に関して、玄奘はまったく触れていない。

†呪術仏教

次に、古代北西インドの不安定社会で、仏教とバラモン教の関係はどうだったのか、イスラム史料からその一端を紹介しよう。

『チャチュ・ナーマ』によれば、先のサハシー二世を奸計《かんけい》により倒したのが、バラモン階級出身のチャチュ王(六〇〇年頃〜六七〇年頃。在位:六二五年頃〜六七〇年頃)だったが、チャチュ王朝は七一一年のムハンマド・カーシムのシンド征服により滅亡した。

先に見たように、『チャチュ・ナーマ』には玄奘が西インドを巡錫するより前の、仏教と国家の関係を垣間見ることができる。ラーイ王朝から王権を奪ったバラモン王朝の創設者チャチュ王は、彼の国王就任に反対するアクハム王(藩王)討伐のために、ブラフマーバードに出兵した。この事件は、およそ六二三年〜六二四年と思われる。戦いは籠城戦となり、それは一年の長きに渡り続けられた。

チャチュ王は、なぜアクハム王がこれほど長きにわたり籠城に耐えることができるのか不思議に思い、その理由を部下に探らせた。するとアクハム王には沙門（仏教僧）のブッダラクという名の友人がいることが明らかとなった。

ブッダラクは、ブッタ・ナヴィハーラという偶像寺院（イスラム文献なので、偶像と表現するが仏像のこと）の中で偶像や僧侶たちと暮らしていた。彼は修行者として有名であり、地域の人々は皆ブッダラクの信奉者で、すべての人々が彼に従っていた。アクハム王も彼を信仰し、彼を宗教的な指導者としていた。アクハム王が要塞にたてこもった時、修行者も彼に同行したが、しかしブッダラクは戦いに参加せず、偶像の家（ブッタ・ナヴィハーラ寺院）にいて、宗教の本（経典であろう）を読んでいたとの報告を受けた。

この記述から、仏教僧ブッダラクは王の護持僧という地位にあり、国王や国家の危機の時には国王と一緒に戦いに参加し、祈禱や呪文などで国家の護持活動を行っていた、と読むことができる。これは仏教がバラモン教と同様の祈禱などを行う宗教として機能していたことを意味する。つまり、護国仏教の姿である。

ちなみに護国経として日本でも有名な『金光明経』の成立は四世紀頃の成立であるから、このような仏教の形態があっても不思議ではない。とはいえ、国家の中心宗教という位置づけは、バラモン教との社会的な競合関係にあることとなり、その軋轢はインド社会における仏教の立場を常に危うくすることにもつながっていた。この要素もインド仏教衰亡と深い関係がある。つまり仏教は政治的にも、インド社会においてバラモン教と競合関係にあったということである。

現代的に表現すれば、国教的な仏教のあり方は、伝統的なバラモン教とほとんど変わらない政治性と、宗教的な呪術的形態を持っていたということである。仏教がバラモン教から宗教として独立し、社会的に支持されていれば、政治的な領域を支えることになるのは当然であり、従来の研究ではこの点への考察が不足していたようである。

すでに第三章で検討したように、仏教のバラモン教化（儀礼化、呪術化）ともいえるこの形態は、インド亜大陸において独自の宗教として生き残るための仏教の戦略であっただろうが、逆に、仏教衰亡の大きな要因となったと筆者は考えている。

この点を『チャチュ・ナーマ』は、以下のように伝える。

アクハム王の要塞ブラフマナーバードが落城すると、チャチュはブラフマナーバードに入城した。チャチュは、アクハムとその息子が、（護持僧ブッダラクの）魔法（siḥr）と奇術（atlbi's）、魔術（jādū）への信仰から、修行者に忠誠（絶対的な信頼あるいは信仰）を持っていたこと、そして彼のやり繰り（恐らく祈禱）によって、戦いが一年も保持されたことを知る。するとチャチュはその僧の殺害を決心し、さらに「アクハムの皮を剥いで太鼓にして、その皮が破れるまで打ってやる」と敵意を露に激怒した。

ところがチャチュは、この僧と面会すると、寺の修理を約束して帰ってきた。不審に思った臣下に対して、チャチュは「あの僧の後ろで、真っ赤な唇で、耳まで避けた口をした悪魔が、彼を護っていた」と告白した。

このブッダ・ナヴィハーラのブッダラクは、従来推定されていた理性的な仏教僧の存在とはやや異なる姿である。いわゆる呪術的な仏教、つまり密教的な仏教のありようを知ることができて、チベット仏教や密教の儀礼に共通点を見出せる。

蛇足であるが、近代以降の日本の仏教理解においては、国家護持（国教）という仏教と国家の関係を論じることをはばかる風潮がある。これは明治政府の国家神道重視政策、廃仏毀釈の偏った仏教観、そして敗戦後の過剰な政教分離思潮による弊害である、と筆者は以前より指摘してきた。宗教が国家社会などの集団の中心に位置づけられていれば、当然その運営（政治）にかかわらないはずはないのである。それは現実生活から距離をおくことを目指したジャイナ教においてもそうであり、ましてや仏教は言わずもがなである。

†バラモンの王を追い出した仏教徒の団結

仏教とバラモン教の関係が、政治的な事情から対立的であった別の事例を『チャチュ・ナーマ』から見てみよう。たとえば、カーシムがアラビア海沿いの有名な港湾都市デバル攻略の後に向かった、ムジャという町での出来事である。

この町には人々に尊敬される仏教僧と、バジャハラという王がいた。バジャハラ王はチャチュの息子ダハルの従兄弟であった。アラブ軍が攻めてきたことを知り、僧たちは集まって、バジャハラに意見具申した。

「私たちは修行者です。私たちの宗教では平穏を説き、我々の教義では戦うこと、殺すことは許されません。また血を流すことも許されません」

この後も強硬に戦争を主張するバジャハラ王にたいして、僧たちは降伏を進言する。しかしこれも認められないと、僧たちは勝手に、イスラム軍に使者を送り、「我々は農民であり、工芸人であり、商人であり、それぞれ取るに足りないものたちです。そして我々はバジャハラを守るものではありません。そして我々は貴方がたに刃向かうものではありません」と言って城門を開き、イスラム軍を招き入れた。王は逃避したという。

『チャチュ・ナーマ』が伝えるのは、仏教徒が僧侶中心に一丸となって支配者と対決し、バラモン教徒の王を追放した過程である。また、戦わず殺さずの不殺生戒を盾に戦争を回避しようとした点に、仏教徒の特徴を見る。それと同時に仏教徒を弾圧してきたバラモン教の権力者への反発も感じられる。
いずれにしてもムジャの町の仏教僧は、その政治力や民衆の信頼を勝ち得ていたことが分かる。つまり八世紀初頭の西北インドでは、民衆レベルで仏教教団は十分社会的な役割を果たしていたのである。

†バラモン教による弾圧と改宗の強要

さてバラモン教と仏教の関係は、特に政治的には、七世紀の西北インドでライバル関係にあり、決して良好ではなかった。しかしそれは、宗教が思想や芸術というような非日常レベルに留まらない存在であることを考えれば当然である。文化レベルに限定される宗教活動は、少なくともインドでは考えられないということでもある。

生まれを基準とする階級差別であるカースト制度に苦しめられてきたインドの民衆が、平等を説く仏教に求めたものは、単なる言葉や芸術などによる慰めではなく、現実社会にその理想が生かされることである。カースト制度を否定して平等な社会を実現するまで、具体的に展開する宗教を求めたのである。インドの社会を変えてくれる宗教。仏教はその要請に応えることのできた数少ない宗教であった。

しかし、バラモン教の宗教的、社会的根幹に関わるカースト制度の否定を正面から展開する仏教に対して、バラモン教は決して友好的ではなかった。『チャチュ・ナーマ』に記された仏教徒差別は次のような内容である。

彼ら(仏教徒であった遊牧民)は、緊急の時以外は刀を持ってはならなかったし、綿や絹を身につけてはなかなかった。彼ら下層民のベールの色は黒と赤でなければならなかった。彼らは頭に何もつけてはならなかったし、足も素足でなければならなかった。

彼らは馬に乗るときに鞍をつけてはならなかった。彼らが家の外を歩くときには、犬を連れて歩かねばならなかった。盗みを働く者がでると一家すべて火刑に処せられた。

シンド王国をヒンドゥー教化してこのような悲惨な状況を維持するために、チャチュ王は、グジャラートなどからバラモンの移住を募り、数万人単位のバラモン家族が同地に定着したと伝えている。仏教の普遍主義や人道主義に対して、保守的なバラモン教優位の社会秩序の構築を目指したチャチュ王朝の政策であった。

†ベンガル地方の仏教衰亡

このようなバラモンの移住政策は、一一世紀以降のベンガル地域においても見られた、バラモン教徒の王権による仏教封じ込めの常套手段である。一四世紀のベンガルの有名な仏教徒詩人チャンディーダースが『ニランジャナール・ルシャム』に記したことによれば、一六〇〇〇ものブラフマン（カースト最上位の司祭階級）の家族がグジャラートにいた。彼らは臨時収入を求めて各地を移動し、計り知れない狡猾さで、ますます強大になった。そのうち、一〇人か一二人がやってきて、ダルマの礼拝所を打ちこわした。彼らはヴェーダを唱え、火の祭礼を絶やさない――。

ダルマの礼拝所とは仏教の寺院のことであるが、すでに一四世紀のベンガルでは、イスラム教のモスク的なイメージで仏教寺院が意識されていた。それほど仏教は遥か昔の宗教だったのであろう。そして、チャンディーダースは祈るのだった。「おー、ダルマよ！我らを護りたまえ！　あなたは我々より彼らをお守りになるのですか」と。

ベンガル地方は、非アーリアつまりバラモン教の影響が遅くまで及ばなかった地域であり、いわゆるアニミズム的な自然崇拝の宗教と仏教は早くから習合していた。その延長線上に密教やタントラ仏教が発達した。

密教は、いわゆるシャクティ（性力）崇拝を中心とする独特の教えであり、その一方で淫猥《いんわい》な象徴を用いる仏教ともなった。いわゆる末期密教のうちでもサハジャヤーナ（倶生《ぐじょう》乗《じょう》）の左道《さどう》密教である。こうなると仏教はますます特殊化し、非道徳的な儀礼に傾倒し、日常生活から乖離していく。その一方で、イスラム教の浸透がバラモン教徒との緊張を高め、仏教は両者の対立の中で分解していったと筆者は考えている。

ベンガル地方を治めたバラモン王朝セーナ朝（一一世紀末〜一三世紀）の保守化政策によって、仏教が窮地に立たされ、そこにイスラムの侵攻が重なり、結果としてインド化したイスラム教（つまりスーフィー思想）へ改宗した仏教徒は多かったといわれる。

もちろん、バラモン教へ吸収された仏教徒も少なくなかったが、その場合はカースト最下層のシュードラなどの低位カーストへの編入となった。そのために一度バラモン教徒になった人々でも、改めてイスラム教に改宗した。現在、仏像を作るムスリムのギルドや仏教の民話や芸能を伝承するムスリムの集団があるのは、そのためだとされる。

かつて仏教が盛んであった東南アジア諸国でも、急速にイスラム化が進んだのは、これと同様の道程をなぞったのだとみなすことができる。

つまり、イスラムのインド支配が進むにつれて、その反動としてインド固有の文化・宗教、伝統への回帰が強く意識されることは、ごく自然なことであった。そのためにバラモン教化が進んだが、反バラモン勢力であった仏教徒はスーフィー（イスラム神秘主義者）たちの伝道により、イスラム教への改宗を選んだと考えられるのである。

このパターンは、背景は異なるが、西インドの仏教衰亡と軌道を同じくしているように思われる。

†ムスリムを受け入れた仏教徒

『チャチュ・ナーマ』に挙げられている、仏教徒がイスラム教へ集団改宗した事例を紹介しよう。

それは現在のパキスタンのハイデラバード近郊に位置したニールンでの出来事である。その町の長老的存在の仏教僧バンダルカル・サーマニーが率先して、偶像寺院の中にモスクを建てて祈りを捧げた。そしてイマーム（イスラム教指導者）の指示で宗教的な行いがなされたのだという。仏教僧が民衆を率いてイスラム軍と講和し、ムスリムを受け入れ、しかも仏教寺院をモスクにしてイスラム式の祈りを捧げたという逸話である。つまり、仏教徒たちが集団でイスラム教に改宗したことを表している。

もちろん、この時に仏教徒たちはイスラムの祈りを受け入れた意味を理解していなかったと思われるが、イスラム的視点からいえば、この仏教徒たちがイスラムに改宗したと理解したのは間違いない。これ以後、ニールンの仏教は歴史から消滅していることから、それは明白である。インドでは仏教寺院やヒンドゥー教寺院が、モスクに転用されることは珍しいことではないから、この記述はかなり信憑性が高いと思われる。

この事例も、チャチュ王朝による仏教の弾圧への対抗、反バラモン教あるいはチャチュ王朝への反発からイスラム勢力へ接近したという解釈が基本的に成立する。しかし、筆者はさらに、梵天勧請の項目で検討したブッダの根本体験、つまり他宗教を積極的に受け入れ共存することで成長してきた仏教の戦略、神仏習合思想（この場合はアッラーとブッダの融合）が、大きな役割をしていたのではないか、と考えている。

つまり、仏教徒側には、他の宗教を排除するのではなく受け入れることで、平和的な共存関係の構築を図ってきた伝統があり、今回もその歴史に沿った行動であった、ということになるのではないか。ただ、イスラム教にとっては、仏教が予想したような親和的な宗教ではなかったということである。

この点の解釈に参考となる事例が、北インドから中央アジアの仏教の消滅にも共通したバルフのバルマク家の改宗である。

†バルマク家の改宗とその背景

かつて仏教が隆盛した地域でもあり、玄奘三蔵が仏像の素晴らしさに感激したというバルフ。ここバルフは現在のアフガニスタン北部にあたり、州都マザーリ・シャリフから西二一八キロほど離れた地にあったオアシス都市である。玄奘はここを縛喝国（バルク）と記している。この地は、古来より中央アジアと中国、インドを結ぶ交通の要衝、シルクロード交易の中でも最重要な交易都市であった。

バルフには伽藍が一〇〇か所以上、僧徒は三〇〇〇人以上いたとされる。城外には納縛僧伽藍（ナヴァサンガラーマ）があった。玄奘は、先代の王が建立したこの寺院には大変素晴らしい財宝で飾られた仏像があり、諸国の王がそれを狙っていたと書き残している。しかしこの寺院は毘沙門天の庇護があり誰も略奪できなかったとも伝えている。玄奘によれば、トルコ（チュルク）系の遊牧民の葉護可汗《ようこかがん》の息子、肆葉護可汗《しようこかがん》が部族を率いて略奪を試みたが、毘沙門天の怒りのために急逝した、という話があるのだという。玄奘がこの地を通過したのは六三〇年の初頭と思われるので、この事件もその数十年前ということになろう。

イスラムの資料では、このバルフの王一族はバルマクと呼ばれ、当該地域でいち早くイスラムに改宗した。その結果、当該地域のイスラム化が急速に進んだとされる。

バルマク一族の改宗は、バルフのイスラム普及に大きな働きをしたと高く評価されているのである。バルマク家は、アッバース朝（七五〇年～一二五八年）の初代カリフ、アブー・アル・アッバース（在位：七五〇年～七五四年）から第五代ハールーン・アッ・ラシード（在位：七八六年～八〇九年）の時代まで、三代、約五〇年にわたって仕え、宰相や書記といった重要職務を歴任した名門であった。初期のイスラム政権にありがちな官僚体制の不備を一族で支え、一説にはカアバ神殿（現在のサウジアラビアのメッカにある大モスク）の管理も担い、その運営などに仏教徒であった時代の運営法が採用されたという研究もあるほどである。

いずれにしろ、イスラム史料においては、まず初代のハーリド・イブン・バルマクが、アブル・アッバースの書記およびマンスールの租税庁の長官をという要職を務めたことをはじめ、その子でバルマク家の第二代のヤフヤーは、ラシードのワジール（宰相）となって、二人の息子（ファドルとジャアファル）とともにアッバース朝宮廷に権勢をふるった。しかし八〇三年に次男ジャアファルは殺害され、ヤフヤーとファドルは捕えられて、一族数百人ともども処刑され、その財産はすべて没収された。

ヤフヤーの祖父が改宗したとされるので、おそらく八世紀初頭には、この一族は仏教からイスラム教に改宗したと思われる。バルマク家のもともとの社会的地位と、いち早くイスラムに改宗した功績で、カリフ政庁に重んじられたのであろう。

先に紹介したように、バルフはシルクロード交易で潤っており、イスラムへの改宗は、大きな商業的な利益があったからである。ということは、このバルマク一族は、経済的な理由で、仏教を捨てたのであろうか。筆者は、ムスタファ・ヴァジル博士の研究などから、バルマク一族の改宗は、もちろん経済的な理由はあったにしろ、仏教の持つ独自の共生思想に沿って、新しい宗教であるイスラム教を受け入れた、イスラムの接近した、あるいは取り入れたのではないかと考えている。

というのも、このバルマク家がもたらした様々な文化や統治法などが、未だ文明的な洗練さにおいて未熟であったイスラム世界の文明化のために、多くの貢献をしたという研究があるからである。特に強大な権力と社会的な影響力を持っていた第二代ヤフヤーは、祖先の宗教である仏教への造詣が強く、その思想や文化をアラビア語に翻訳し、熱心に紹介したことでも有名である。ムスタファ・ヴァジル博士によれば、バルマク家の人々は、カリフのもと高位高官に就任したが、彼らは仏教文化をイスラムの中に生かそうとして大いに努力したとされる。たとえば『ムハンマド伝』には、ブッダの生涯のストーリーである「ジャータカ」が多く引用されたし、イスラム特有の円形のドーム型の形式もストゥーパの形態の影響であるともいわれている。さらにシーア派には、仏足石〈クダゥガーハ〉信仰も導入されているという。

そう考えると、あるいはバルマク一族は、他者との共生をはかる目的で、積極的に異質なるものを取り入れたのではないかと、筆者は考えている。仏教はその発生から、常に他者を自らの定着や発展に役立てるという根本構造、神仏習合思想を持つからである。おそらくイスラムに対しても積極的に融和しようとして、仏教側が歩み寄ったのではないか。

とはいえ厳格な一神教であるイスラム教には、仏教との共生関係は成立し得ず、その結果、イスラムに飲み込まれたと理解できるわけである。つまり敵であっても積極的に近寄り、共生関係を構築し、共存共栄関係をつくって生きのびるという仏教の宗教構造が、逆に、仏教の独自性を失わせ、相手に飲み込まれるか、融解するかという結果となったということである。

この傾向は、暴力や武力行使の否定を宗教の核とする仏教最大の特徴であり、同時に弱点である。その結果として仏教の衰亡要因となった。この点はバラモン教との関係でも同様であった。日本近代における廃仏毀釈も、同様の解釈が可能だろう。

いずれにしても仏教は、バラモン教とイスラム教という二つの大きな宗教の間に立って、インド社会での存在意義を急速に失っていった。特に、グプタ朝以来のバラモン教化の傾向は、インド社会における仏教の意義、特徴の解消に向かい、その思想的、社会的な独自性を大きく毀損した。また、仏教が持つ教団組織の自由度の高さが、イスラムの侵攻によるインド社会の毀損に伴うダメージから仏教教団のみが立ち直れなかったことも、仏教の衰退原因であったことはすでに指摘したとおりである。

あとがき

さて、本書の執筆には、実に多くの先生方のお世話になったことは申すまでもない。筆者のインド研究、宗教研究、比較文明学研究領域においては、恩師中村元先生をはじめ、奈良康明・前田專學・佐藤良純・三友量順の各先生、宗教・思想領域の峰島旭雄・小室直樹・橋爪大三郎の各先生、そして比較文明学領域では伊東俊太郎・吉澤五郎・染谷臣道、社会科学領域では、永安幸正・難波田春夫の各先生に、この場を借りて御礼を申し上げる。

また、愚鈍な筆者を思想や宗教の道に目を開いてくださった群馬県立渋川高校時代の倫理社会担当の星野武先生には、長年の不義理をお詫びしつつ感謝の思いを表したい。インド滞在中お世話頂いた住友商事ニューデリー支店長（当時）粕谷哲夫ご夫妻に、この場を借りて謝意をお伝えする。インドでも日本でも、たくさんの先生、知人、友達の助けを借りて何とか研究をやってこれたことを思うと、謝意を表したい関係者は尽きない。愚鈍な筆者のわがままを辛抱強く支えてくれた祖父・保坂保蔵、父・保坂登志夫に本書を捧げることを、読者の皆さんにお許し頂きたい。

参考文献

アーノルド・J・トインビー『歴史の研究』(全25巻)「歴史の研究」刊行会、一九六六年〜七五年
青木健『古代オリエントの宗教』講談社現代新書、二〇一二年
荒松雄『ヒンドゥー教とイスラム教——南アジア史における宗教と社会』岩波新書、一九七七年
荒松雄『中世インドの権力と宗教——ムスリム遺跡は物語る』(世界歴史叢書)岩波書店、一九八九年
荒松雄『インドの奴隷王朝—中世イスラム王権の成立』未来社、二〇〇六年
荒松雄『インドと非インド—インド史における民族・宗教と政治』未来社、二〇〇七年
伊東俊太郎『比較文明論I』(伊東俊太郎著作集7)、『比較思想』(同10)麗澤大学出版会、二〇〇八・〇九年
伊東俊太郎『比較文明』UP選書、東京大学出版会、一九八五年
ヴィレム・フォーヘルサング、前田耕作、山内和也監訳『アフガニスタンの歴史と文化』(世界歴史叢書)明石書店、二〇〇五年
加藤九祚『シルクロードの古代都市——アムダリヤ遺跡の旅』岩波新書、二〇一三年
上村勝彦『バガヴァッド・ギーターの世界』ちくま学芸文庫、二〇〇七年
辛嶋昇編『南アジア史』山川出版社、二〇〇四年
木村泰賢『木村泰賢著作集(1〜6)』大法輪閣、一九六七・六八年
三枝充悳『三枝充悳著作集(1〜7)』法蔵館、二〇〇四〜〇七年
三枝充悳『仏教入門』岩波新書、一九九〇年
釈悟震訳註、中村元監修『キリスト教か仏教か』山喜書房仏書林、二〇〇九年

スレンドラ・ナース・ダスグプタ、高島淳訳『ヨーガとヒンドゥー神秘主義』せりか書房、一九七九年
高田修『仏像の起源』岩波書店、一九九四年
竹内雅夫『スリランカ　時空の旅――遺跡を旅して知った歴史と仏教』東洋出版、二〇〇四年
中村元『中村元選集（1～40）』春秋社、一九八八～九八年
中村元『ヒンドゥー教史』（世界宗教史叢書6）山川出版社、一九七九年
中村元、三枝充悳『バウッダ――仏教』小学館、一九八七年
生江義男『シルクロードと宗教の道――西方浄土の起源を求めて』日本放送出版協会、一九八四年
奈良康明、下田正弘編『仏教出現の背景』（新アジア仏教史01インドⅠ）佼成出版社、二〇一〇年
奈良康明、下田正弘編『仏教の形成と展開』（新アジア仏教史02インドⅡ）佼成出版社、二〇一〇年
奈良康明、石井公成編『文明・文化の交差点』（新アジア仏教史05中央アジア）佼成出版社、二〇一〇年
奈良康明『仏教史1インド・東南アジア』（世界宗教史叢書7）山川出版社、一九七九年
ニールソン・C・デベボイス、児玉新次郎・伊吹寛子訳『パルティアの歴史』山川出版社、一九九三年
バーバラ・D・メトカーフ、トーマス・R・メトカーフ、河野肇訳『インドの歴史』創土社、二〇〇六年
橋本泰元、山下博司、宮本久義『ヒンドゥー教の事典』東京堂出版、二〇〇五年
早島鏡正、高崎直道、前田専学『インド思想史』東京大学出版会、一九八二年
平川彰『インド仏教史（上・下）』春秋社、一九七四年・七九年
ブライアン・ガードナー、浜本正夫訳『イギリス東インド会社』リブロポート、一九八九年
フランシス・ロビンソン、小名康之監修『ムガル皇帝歴代誌』創元社、二〇〇九年
保坂俊司『シク教の教えと文化――大乗仏教の興亡との比較』平河出版社、一九九二年
保坂俊司『仏教とヨーガ』東京書籍、二〇〇四年
前田耕作、NHK文明の道プロジェクトほか『ヘレニズムと仏教』NHK出版、二〇〇三年

丸山眞男『丸山眞男講義録』（全七冊）東京大学出版会、一九九八年
メアリー・ボイス、山本由美子訳『ゾロアスター教 三五〇〇年の歴史』講談社学術文庫、二〇一〇年
森 祖道『スリランカの大乗仏教――文献・碑文・美術による解明』大蔵出版、二〇一五年
森本達雄『ヒンドゥー教――インドの聖と俗』中公新書、二〇〇三年
山下博司『古代インドの思想――自然・文明・宗教』ちくま新書、二〇一四年
山下博司『ヒンドゥー教――インドという〈謎〉』講談社選書メチエ、二〇〇四年
山本智教『インド美術大観』毎日新聞社、一九九〇年
吉村均『チベット仏教入門――自分を愛することから始める心の訓練』ちくま新書、二〇一八年
リチャード・C・フォルツ、常塚聴訳『シルクロードの宗教――古代から15世紀までの通商と文化交流』教文館、二〇〇三年

A. Masson: history Civilizations of central Asia. vol. 1〜6. 1999.
Abu'l-Fazl. trans lated by H. Jarrett: The Ain I Akbari of Abul Fazl' Allami Ain-i-Akbari. Calcutta.
André Wink: The Making' AL-HIND The Making of The Indo-Islamic world. Vol. 1., Brill.leiden. 1990.
Gurubachan Singh: Bani of sri Guru Amarudas sterling pub., New Delhi. 1979.
I. M. Saud Islamic Univ., press. Riyadh. 1982.
J. Narayan Singh: the Didarganj Chauri Bearer female figure. Patna Museum publication 2012.
Khushwant Singh: A History of The Sikhs. Vol. 1, 2. Oxford. Delhi. 1963.
L. Joshi: History of the Punjab, vol. 1. punjabi unversity,. 1977.
M. K. Fredunbeg: The Chachnama, an ancient History of Sindh, giving the Hindu period down to the Arab. Delhi. Idarahi Adabiyatī Delli, 1979.

M. M. A. Umar-i-Usaman, tras. M. H. G. Raverty: Tabakat-i-Nasiri, Lahore. 1973.
M. M. A. -Umar-i-Usaman: tr. M. H. G. raverty, Tabakat-i-nasiri. vol. 1., Amir Pub. Lahore. 1977.
M. M. Ali: History of The Muslims of Bengal, Muslim Rule In Bengal (600-1170/1203-1757) Vol. 1, 2. 1966.
M. Vaziri: Buddhism in Iran, An Anthropological Approach to Traces and Influences. Palgrave macmillan. NewYork. 2012.
N. A. Baloch: Fathnamah-i. Sind, Islamabad. 1983.
R. C. Majumdar (ed.): The History of Bengal, vol. 1, 2. B.R. Publishing. Delhi. 1943.
R. Eaton (ed.): India's Islamic Traditions. 711〜1750 (Oxford in India Readings: Themes in Indian History). 2006.
R. M. Cimino (ed.): Ancient Rome and india. Delhi. 1994.
R. Thapar: Somanatha, The Many Voices of a History. New Delhi, Penguin Books India, NewDelhi. 2004.
R. Thapar: The Penguin History of Early India: From the Origins to AD 1300. University of California Press. 2003.
S. Rizvi: A history of Sufism in India. vol. 1, 2. munshiram, New Delhi. 1978, 1983.
Surjit Singh Gandhi: Historuy of The Sikh Gurus, Delhi. 1978

ちくま新書
1662

インド宗教興亡史《しゅうきょうこうぼうし》

二〇二二年六月一〇日　第一刷発行

著者　保坂俊司（ほさか・しゅんじ）

発行者　喜入冬子
発行所　株式会社 筑摩書房
東京都台東区蔵前二―五―三　郵便番号一一一―八七五五
電話番号〇三―五六八七―二六〇一（代表）
装幀者　間村俊一
印刷・製本　株式会社 精興社

ISBN978-4-480-07487-4 C0214

ちくま新書

085
日本人はなぜ無宗教なのか
阿満利麿
日本人には神仏とともに生きた長い伝統がある。それなのになぜ現代人は無宗教を標榜し、特定宗派を怖れるのだろうか？　あらためて宗教の意味を問いなおす。

445
禅的生活
玄侑宗久
禅とは自由な精神だ！　禅語の数々を紹介しながら、言葉では届かない禅的思考の境地へ誘う。窮屈な日常に変化をもたらし、のびやかな自分に出会う禅入門の一冊。

615
現代語訳　般若心経
玄侑宗久
人はどうしたら苦しみから自由になれるのか。言葉や概念といった理知を超え、いのちの全体性を取り戻すための手引を、現代人の実感に寄り添って語る新訳決定版。

744
宗教学の名著30
島薗進
哲学、歴史学、文学、社会学、心理学など多領域から宗教理解、理論の諸成果を取り上げ、現代における宗教的なものの意味を問う。深い人間理解へ誘うブックガイド。

783
日々是修行
――現代人のための仏教一〇〇話
佐々木閑
仏教の本質とは生き方を変えることだ。日々のいとなみの中で智慧の力を磨けば、人は苦しみから自由になれる。科学の時代に光を放つ初期仏教の合理的な考え方とは。

814
完全教祖マニュアル
架神恭介
辰巳一世
キリスト教、イスラム、仏教などの伝統宗教から現代日本の新興宗教まで古今東西の宗教を徹底的に分析。教義や組織の作り方、奇跡の起こし方などすべてがわかる！

918
法然入門
阿満利麿
私に誤りはなく、私の価値観は絶対だ――愚かな人間のための唯一の仏教とは。なぜ念仏一行なのか。日本史上最大の衝撃を宗教界にもたらした革命的思想を読みとく。

ちくま新書

936
神も仏も大好きな日本人
島田裕巳
日本人はなぜ、無宗教と思いこんでいるのか？　神道と仏教がどのように融合し、分離されたか、その歴史をたどることで、日本人の隠された宗教観をあぶり出す。

956
キリスト教の真実
――西洋近代をもたらした宗教思想
竹下節子
ギリシャ思想とキリスト教の関係を検討し、近代ヨーロッパが覚醒する歴史を辿る。キリスト教という合せ鏡をとおして、現代世界の設計思想を読み解く探究の書。

1022
現代オカルトの根源
――霊性進化論の光と闇
大田俊寛
多様な奇想を展開する、現代オカルト。その根源には「霊性の進化」をめざす思想があった。19世紀の神智学から、オウム真理教・幸福の科学に至る系譜をたどる。

1048
ユダヤ教　キリスト教　イスラーム
――一神教の連環を解く
菊地章太
一神教が生まれた時、世界は激変した！「平等」「福祉」「不寛容」などを題材に三宗教のつながりを分析し、現代の底流にある一神教を読み解く宗教学の入門書。

1081
空海の思想
竹内信夫
「密教」の中国伝播という仏教の激動期に入唐した空海は何を得たのだろうか。中世的「弘法大師」信仰を解体し、空海の言葉に込められた「いのちの思想」に迫る。

1145
ほんとうの法華経
橋爪大三郎
植木雅俊
仏教最高の教典・法華経が、サンスクリット原典から全面改訳された。植木雅俊によるその画期的な翻訳の秘密に橋爪大三郎が迫り、ブッダ本来の教えを解き明かす。

1201
入門　近代仏教思想
碧海寿広
近代日本の思想は、西洋哲学と仏教の出会いの中に生まれた。井上円了、清沢満之、近角常観、暁烏敏、倉田百三らの思考を掘り起こし、その深く広い影響を解明する。

1215 カトリック入門 ——日本文化からのアプローチ 稲垣良典
日本文化はカトリックを受け入れられるか。日本的霊性と超越的存在の問題から、カトリシズムの本質に迫る。中世哲学の第一人者による待望のキリスト教思想入門。

1273 誰も知らない熊野の遺産〈カラー新書〉 栂嶺レイ
世界遺産として有名になったが、熊野にはまだ手つかずの風景が残されている。失われつつある日本の、日本人の原型を探しにいこう。カラー写真満載の一冊。

1284 空海に学ぶ仏教入門 吉村均
空海の教えにこそ、伝統仏教の教義の核心が凝縮されている。弘法大師が説く、苦しみから解放される心のあり方「十住心」に、真の仏教の教えを学ぶ画期的入門書。

1285 イスラーム思想を読みとく 松山洋平
「過激派」と「穏健派」はどこが違うのか？　テロに警鐘を鳴らすのでも、平和な宗教として擁護するのでもない、イスラームの対立構造を浮き彫りにする一冊。

1286 ケルト 再生の思想 ——ハロウィンからの生命循環 鶴岡真弓
近年、急速に広まったイヴェント「ハロウィン」。この祭りに封印されたケルト文明の思想を解きあかし、古代ヨーロッパの精霊を現代へよみがえらせる。

1296 ブッダたちの仏教 並川孝儀
仏教は多様な展開を含む複雑な宗教である。歴史上のブッダへ実証的にアプローチし、「仏」と「法」という二つの極から仏教をとらえなおすダイナミックな論考。

1326 仏教論争 ——「縁起」から本質を問う 宮崎哲弥
和辻哲郎や三枝充悳など、名だたる知識人、仏教学者が繰り広げた、縁起をめぐる戦前・戦後の論争。犀利な分析を通して、その根本を浮かび上がらせた渾身作！

ちくま新書

1330
神道入門
――民俗伝承学から日本文化を読む
新谷尚紀

神道とは何か。古代の神祇祭祀に仏教・陰陽道・道教など多様な霊験信仰を混淆しつつ、国家神道を経て今日の形に至るまで。その中核をなす伝承文化と変遷を解く。

1370
チベット仏教入門
――自分を愛することから始める心の訓練
吉村均

生と死の教えが世界的に注目されているチベットの仏教。その正統的な教えを解説した初めての入門書。基礎的な知識から学び方、実践法までをやさしく説き明かす。

1403
ともに生きる仏教
――お寺の社会活動最前線
大谷栄一編

「葬式仏教」との批判にどう応えるか。子育て支援、グリーフケアと終活、アイドル育成、NPOとの協働、貧困対策。社会に寄り添う仏教の新たな可能性を探る。

1410
死体は誰のものか
――比較文化史の視点から
上田信

死体を忌み嫌う現代日本の文化は果たして普遍的なのか。チベット、中国、キリスト教、ユダヤ――。来るべき多死社会に向けて、日本人の死生観を問い直す。

1424
キリスト教と日本人
――宣教史から信仰の本質を問う
石川明人

日本人の99％はなぜキリスト教を信じないのか？　宣教師たちの言動や、日本人のキリスト教に対する複雑な眼差しを糸口に宗教についての固定観念を問い直す。

1450
日本の民俗宗教
松尾恒一

大嘗祭、ねぶた、祇園祭り……。「日本の伝統」はいかに作られたのか。古代から現代まで、外来文化との混淆や対立により形成された日本の民俗信仰の変遷を追う。

1459
女のキリスト教史
――「もう一つのフェミニズム」の系譜
竹下節子

キリスト教は女性をどのように眼差してきたのか。聖母マリア、ジャンヌ・ダルク、マザー・テレサ……、世界を動かした女性たちの差別と崇敬の歴史を読み解く。